Josef F. Justen

Absurditäten und Gefahren der Corona-Maßnahmen

Wie ein mündiger Bürger in der sogenannten »Corona-Pandemie« mehr und mehr aufwachte

Erzählung

*Niemand ist hoffnungsloser
versklavt als jene,
die fälschlicherweise glauben,
frei zu sein.*

Johann Wolfgang von Goethe

Josef F. Justen

Absurditäten und Gefahren der Corona-Maßnahmen

Wie ein mündiger Bürger in der sogenannten »Corona-Pandemie« mehr und mehr aufwachte

Erzählung

Vorwort

Seit knapp zwei Jahren beherrscht die sogenannte »Corona-Pandemie« unser aller Leben. Es vergeht seitdem kein Tag, an dem wir nicht über die Mainstream-Medien mit Zahlen, Bildern und Informationen, welche die gewaltige Gefährlichkeit des SARS-CoV-2-Virus dokumentieren sollen, bombardiert werden. Über uns werden angeblich alternativlose Maßnahmen bis hin zu einer indirekten Impfpflicht verhängt, um die Ausbreitung des Virus zu verhindern oder zumindest zu verlangsamen.

Kein zweites Thema ist so permanent in unseren Köpfen. Das Virus und insbesondere die von der Regierung getroffenen Maßnahmen diktieren unser Leben, so dass man wohl ohne Übertreibung sagen kann, dass wir seit Anfang 2020 in einer *Corona-Diktatur* leben.

Wie wohl die meisten Menschen war auch Werner Wegener, der Haupt-Protagonist der folgenden Erzählung, anfangs von der großen Angst ergriffen, das Virus könnte ihn erwischen und im schlimmsten Fall sogar zum Tode führen. Er akzeptierte und begrüßte die Maßnahmen, die von der Regierung verabschiedet wurden, um die Ausbreitung des Virus einzudämmen und der Pandemie vielleicht sogar Herr zu werden.

Nachdem Werner Wegener anfangs alle Maßnahmen mitgetragen hatte, wurde ihm langsam und allmählich bewusst, dass da irgendetwas nicht stimmen könne. Sein Vertrauen in die Aussagen der Politiker und Experten sowie der weitaus meisten Medien nahm stetig ab. Er wachte langsam auf.

Aus Sicht des Mainstreams wurde er vom Paulus zum Saulus.

Aber lassen wir ihn selbst erzählen.

Einleitung

rlauben Sie mir, dass ich mich Ihnen zunächst kurz vorstelle.

Also, mein Name ist Werner Wegener. Ich bin 42 Jahre alt und der letzte Verbliebene in meinem kleinen Elternhaus, das in einer mittelgroßen Stadt in Bayern steht.

Mein Vater ist bereits vor knapp zehn Jahren gestorben. Meine 81-jährige Mutter lebt seit fünf Jahren in einem Seniorenheim in derselben Stadt.

Ich habe noch einen zwei Jahre älteren Bruder. Matthias lebt mit seiner Frau Linda und seinen zwei Söhnen Thomas und Christian, die dreizehn bzw. fünfzehn Jahre alt sind, in einem schmucken Eigenheim in einer kleinen Nachbargemeinde. Matthias ist beruflich sehr erfolgreich. Er hat Wirtschafts-Mathematik studiert und arbeitet seitdem bei einer großen Versicherungsgesellschaft. Im Laufe der Jahre hat er sich in den Vorstand des Unternehmens hochgearbeitet. Zu meinem Bruder und seiner Familie pflege ich ein außerordentlich gutes Verhältnis. Regelmäßig besuchen wir uns. Auch machen wir häufig gemeinsame Unternehmungen.

Mein Beruf ist nicht so spektakulär. Ich arbeite seit etwa zwanzig Jahren in einem Krankenhaus unserer Stadt als Krankenpfleger. Obwohl das ein ungeheuer anstrengender und zudem miserabel bezahlter Job ist, macht er mir immer noch sehr viel

Freude. Ich könnte mir keinen besseren für mich vorstellen. Allerdings sah ich mich vor kurzem gezwungen, meinen Job schweren Herzens an den Nagel zu hängen. Wie es dazu kam, werde ich noch zu schildern haben.

Ich bin immer noch unverheiratet. Zwar hatte ich in jüngeren Jahren schon ein paar vielversprechende Beziehungen, allerdings stellte sich jeweils nach einigen Monaten heraus, dass wir nicht zueinander passten. Auch wenn ich mich mit meiner Situation als Junggeselle ganz gut arrangiert hatte, lebte in mir die Hoffnung, eines Tages die richtige Partnerin zu finden. Wie ich noch erzählen werde, glaube ich, Anfang dieses Jahres die Frau fürs Leben kennengelernt zu haben.

Was gibt es sonst noch zu meiner Person zu sagen?

In meiner Freizeit liebe ich es, mich in der Natur aufzuhalten. Ich gehe gern spazieren und wandern. Dann gehöre ich zu den vermutlich wenigen Zeitgenossen, die nur höchst selten den Fernseher einschalten. Im Internet surfe ich im Grunde nur, wenn es um Themen geht, die für meinen Beruf relevant sind. Vielmehr bevorzuge ich es, ein Buch in die Hand zu nehmen. Freilich gehe ich auch des Öfteren in ein Theater oder in ein Konzert. Des Weiteren verreise ich gerne. Und – wie bereits erwähnt – genieße ich es, mit meinem Bruder und seiner Familie zusammen zu sein.

Ende 2016 konsultierte ich wegen heftiger Rückenschmerzen einen Orthopäden. Die Untersuchung ergab, dass meine Rückenmuskulatur stark verkürzt ist. Auch diagnostizierte er verschiedene muskuläre Dysbalancen und eine gewisse Muskelschwäche. Der Arzt verschrieb mir Krankengymnastik und gab mir den dringenden Rat, regelmäßig Gymnastik zu machen und zusätzlich noch in einem Fitnessstudio an meinen Defiziten zu arbeiten. Er meinte, falls ich seinen Rat nicht befolgen sollte, könnte ich meinen Beruf als Krankenpfleger bald nicht mehr ausüben.

Wenngleich diese Art der körperlichen Ertüchtigung nicht gerade das ist, was ich liebte, nahm ich seine Prognose ernst. Noch in der gleichen Woche meldete ich mich in einem Fitnessstudio und zu einem Gymnastikkurs mit Schwerpunkt Rückenschulung bei der Volkshochschule an. Nach anfänglichen Schwierigkeiten gewöhnte ich mich sehr schnell an dieses für mich so neuartige Training. Da ich schon schnell Erfolge verzeichnen konnte, machte mir das Training sogar mehr und mehr Spaß. Meine muskulären Probleme verschwanden zusehends. Schmerzen verspürte ich nur noch sehr selten. Nach einem halben Jahr glaubte ich, das Problem sei gelöst, und ich ging nicht mehr ins Studio und auch nicht mehr in die Gymnastikgruppe. Schon nach wenigen Wochen begann mein Rücken wieder zu schmerzen. Jetzt war mir klar, dass ich dieses Training, das ich sofort wieder aufnahm, wohl mein ganzes Leben brauche.

Mittlerweile ist es mir längst zum Bedürfnis geworden, auf diese Weise zwei bis dreimal in der Woche an meiner Fitness zu arbeiten. Ohne dieses Training würde mir etwas fehlen.

Wie alles begann...

Am 6. Februar 2020 – es war ein Donnerstag – ging ich wie an jedem Donnerstagabend zu meiner Gymnastikstunde bei der Volkshochschule. Ich genoss gerade die erste von drei Urlaubswochen. An diesem denkwürdigen Abend waren nur acht Teilnehmer erschienen. Meistens nahmen an dem Kurs etwa zwanzig Personen teil.

Als die Kursleiterin ihrer Verwunderung über die ungewöhnlich geringe Teilnehmerzahl Ausdruck verlieh, meinte eine Dame: »Vielleicht kommen die anderen nicht wegen Corona.« Einige andere lächelten wissend.

Das war das erste Mal, dass ich den Begriff »Corona« aufschnappte. Zwar hatte ich schon einmal von einer Heiligen aus dem zweiten nachchristlichen Jahrhundert gehört, die diesen Namen trug, dass aber jemand wegen ihr eine Gymnastikstunde schwänzen würde, schloss ich natürlich aus. Um mich wegen meiner Ahnungslosigkeit nicht zu blamieren, fragte ich nicht nach.

Ich dachte nicht weiter darüber nach. Am nächsten Morgen hatte ich diese merkwürdige Bemerkung schon wieder vergessen.

Doch zwei Tage später nahm ich etwas Ungewöhnliches wahr. Beim Einkaufen fielen mir im Supermarkt und auch schon auf dem Parkplatz ein paar Menschen auf, die sonderbare Stoffmasken vor Mund und Nase trugen. »Vermutlich haben diese Menschen Atemwegserkrankungen«, dachte ich.

In den folgenden Tagen und Wochen hatte ich, wann immer ich unterwegs war, den Eindruck, dass die Anzahl der Leute, die Masken trugen, zunahm. Außerdem hatte ich einige weitere sonderbare Wahrnehmungen. So gewann ich den Eindruck, dass manche Leute sich im Supermarkt regelrecht aus dem Weg zu gehen schienen und alles daran setzten, einem anderen nicht zu nahe zu kommen. Als ich dort einen Nachbarn traf, wollte ich ihm wie üblich zur Begrüßung die Hand geben. Ganz erschrocken zog er seine Hand zurück, wie wenn er die Angst hätte, ich wollte sie ihm abhacken, und machte sich zügig von dannen.

Nun wollte ich endlich wissen, was los war. Ich rief meinen Bruder an. Da er nicht daheim war, ging Linda ans Telefon. Nachdem ich ihr meine merkwürdigen Beobachtungen geschildert hatte, sagte sie: »Ja, lebst du auf dem Mond?! Du solltest vielleicht mal hin und wieder deinen Fernseher einschalten oder eine Tageszeitung in die Hand nehmen. Also, es grassiert ein höchst gefährliches Virus. Dieses Corona-Virus – die Virologen nennen es SARS-CoV-2 –, welches die Krankheit Covid-19 verursacht, ist erstmals in der chinesischen Stadt Wuhan aufgetreten. Etliche Menschen sind dort bereits daran erkrankt oder gar gestorben. Mittlerweile ist das Virus auch in vielen anderen

Teilen der Welt angekommen. Selbst bei uns in Deutschland sind die ersten Fälle bekannt geworden. Covid-19 könnte früher oder später eine lebensbedrohende Gefahr für uns alle darstellen.«

Jetzt wusste ich endlich, was es mit dem Wort »Corona« auf sich hatte und verstand das sonderbare Verhalten einiger Mitmenschen.

Von diesem Augenblick an glühte mein Fernsehgerät. Ich verpasste in der nächsten Zeit kaum eine Nachrichtensendung oder Talkshow, in der es um Corona ging. Im Grunde ging es in allen Gesprächsrunden nur um dieses eine Thema, als ob es in der Welt keine anderen Probleme mehr gäbe.

Schnell wurde mir klar, dass Linda nicht übertrieben hatte. Virologen, Epidemiologen, Mediziner und Politiker fast aller Parteien wiesen schon jetzt auf die gewaltige Gefahr hin, welche dieses Virus für alle Menschen darstelle. Immer wieder wurde gemahnt, größtmögliche Vorsicht walten zu lassen, um sich nicht zu infizieren. Noch waren die Töne moderat. Aber das sollte sich wenige Wochen später ändern.

Mittlerweile war mein Urlaub vorüber. Als ich am ersten Arbeitstag zu meinem Dienst im Krankenhaus erschien, traf ich nur auf Maskierte. Der Pförtner schaute mich ganz entsetzt an und sagte: »Setzen Sie bitte Ihre Maske auf!« Ich hatte noch nicht mitbekommen, dass in Krankenhäusern Maskenpflicht bestand. »Entschuldigung, ich habe meine Maske zu Hause liegen lassen«, stammelte ich. Es war eine Lüge, da ich bisher noch gar keine gekauft hatte.

Mit strafendem Blick gab der Pförtner mir eine OP-Maske, die ich sogleich aufsetzte.

Als ich auf meiner Station ankam, sah ich lauter Vermummte. Fast alle Kollegen und Ärzte trugen nicht nur Masken, sondern noch einen Plastik-Gesichtsschutz und Einweghandschuhe. Manche waren sogar komplett in Schutzanzüge eingehüllt. Einige erkannte ich nur an ihrer Stimme. Vor jeder Tür war ein Spender mit einem Desinfektionsmittel montiert, der fast ständig in Beschlag war.

Auch unter den Kollegen ging es von nun an fast nur um dieses eine Thema. Die meisten zeigten sich äußerst besorgt. Nur wenige sahen die Situation gelassen und hielten die Gefahr für überschaubar. Ich gehörte zu denen, die sich Sorgen machten.

Der Beginn der Pandemie

Am 11. März 2020 stufte die Weltgesundheitsorganisation (WHO) die Ausbreitung des Corona-Virus als »Pandemie« ein. Eine Woche später bezeichnete Bundeskanzlerin Angela Merkel in einer Fernsehansprache die Lage in Deutschland als »ernst«.

Spätestens jetzt war jedem klar, dass der Spuk nicht so bald vorbei sein dürfte und dass alles viel schlimmer werden könnte, als man es ohnehin schon befürchtet hatte.

Dann kam der 18. März. Auf allen Kanälen wurden Bilder ausgestrahlt, welche Dutzende von Militärfahrzeugen zeigten, die eine unfassbar große Zahl an Särgen im italienischen Bergamo transportierten. Es hieß, diese Toten seien an Covid-19 gestorben. Wen könnten diese schrecklichen Bilder, die auch in den folgenden Tagen immer wieder ausgestrahlt wurden, nicht bis ins Mark erschüttert haben?

Ich bin vielleicht ein vorsichtiger, aber ganz gewiss kein sonderlich ängstlicher Mensch. Aber jetzt besetzte mich die Angst vor einer Infektion doch sehr stark. Es fiel mir schwer, mich auf etwas anderes zu konzentrieren. Ich befand mich inmitten einer düsteren Angstblase, die mein klares Denken verdunkelte.

Auch die meisten Menschen aus meinem privaten und beruflichen Umfeld waren von größter Angst ergriffen. Wenn jemand die Ansicht äußerte, dass die mit Corona verbundene Gefahr gar nicht so groß sei, wie es öffentlich dargestellt werde, wurde er von der Mehrheit als »Corona-Leugner« bezeichnet. Einer unserer Stationsärzte bekam von der Klinikleitung einen scharfen Verweis, weil er selbst Patienten gegenüber die Gefahr herunterspielte und sich nicht immer peinlich an die Schutz- und Hygienemaßnahmen hielt.

Mir fiel es schwer nachzuvollziehen, dass jemand die Lage als harmlos betrachtete. »Alle Experten und Politiker, die man ständig im Fernsehen hört und sieht, erzählen uns doch keinen Unsinn. Erst recht werden sie keine unnötige Panik verbreiten«, dachte ich.

Die Warnungen und Mahnungen der Experten und Politiker wurden immer drastischer. Manche äußerten die Befürchtung, dass es noch in diesem Jahr allein in Deutschland über eine Million Corona-Tote geben könnte.

Es gab aber Hoffnung: Weltweit wurde fieberhaft an einem Impfstoff geforscht. Das Narrativ lautete von diesem Tage an: Erst wenn ein Impfstoff verfügbar ist und genügend Menschen geimpft sein werden, können wir die Pandemie besiegen. Das ist der *einzige* Weg aus der Krise.

Die Menschen sehnten den Zeitpunkt einer Impfung herbei. Auch ich sah darin eine große Hoffnung.

Trotz meiner Angst vor dem Virus dauerte es jedoch einige Zeit, bis ich mich an das Tragen der Masken so richtig gewöhnt hatte. So kam es zu einigen grotesken Begebenheiten.

Als ich einmal mit dem Fahrrad zum Supermarkt fuhr, hatte ich wie üblich meinen schwarzen Rucksack auf dem Rücken, in den ich anschließend die Waren verstauen wollte. Dummerweise vergaß ich, meine Maske überzuziehen. Als ich das Geschäft betrat, blieben einige Kunden wie festgefroren stehen und schauten mich mit ängstlichen Blicken an. »Was schauen die so merkwürdig? Halten die mich womöglich für einen Selbstmordattentäter?«, waren meine ersten Gedanken. Dann fiel mir siedend heiß ein, was der wahre Grund für diese Reaktionen war, und ich streifte meine Maske über. Sofort beruhigten sich alle wieder.

Als ich eines Nachmittags zur Bank ging, um mir am Geldautomaten, der vor dem Eingang angebracht ist, Geld auszahlen zu lassen, nahm er aus unerfindlichen Gründen meine EC-Karte nicht an. Somit musste ich also zum Schalter, um das Problem zu klären und mir gegebenenfalls dort Bargeld auszahlen zu lassen. Als ich hineingehen wollte, wollte ich mir reflexartig die Maske aufsetzen. Doch dann hielt ich inne und dachte: »Ich kann doch nicht maskiert an den Bankschalter gehen. Das fällt ja unter das Vermummungs-Verbot! Die Angestellten meinen vermutlich, ich wollte die

Bank überfallen!« Aber noch im gleichen Moment wurde mir wieder bewusst, dass wir in einer sehr absurden Zeit leben, und ich setzte die Maske auf.

Es ist gar nicht einmal so lange her, dass in unserem Land über ein Burka-*Verbot* diskutiert wurde. Jetzt haben wir ein Vermummungs-*Gebot*.

Als ich am nächsten Tag – natürlich mit Maske – in den Supermarkt ging, desinfizierte ich mir meine Hände und den Griff des Einkaufswagens. Das Geschäft war voller als üblich. Die Menschen gingen sich in den Gängen so weit wie möglich aus dem Weg. Jeder trug eine Schutzmaske.

Einige Regale waren wie geplündert. Insbesondere Toilettenpapier, Haushaltsrollen und Desinfektionsmittel waren komplett vergriffen. Für einige Wochen wurde das profane Klopapier zum Luxusartikel. Der Begriff vom »Blattgold« machte die Runde. Auch länger haltbare Lebensmittel wie Nudeln, Reis, Haferflocken und dergleichen waren kaum noch zu bekommen. Ich musste noch drei andere Supermärkte aufsuchen, bis ich endlich einen fand, der noch Toilettenpapier im Sortiment hatte. An dem Regal stand eine Verkäuferin, die streng darauf achtete, dass jeder Kunde höchstens *eine* 8-er-Packung in seinen Einkaufswagen lud.

Von der Regierung wurden nun die **AHA**-Regeln verbindlich vorgegeben: **A**bstand halten, **H**ygienemaßnahmen beachten und **A**lltagsmasken tragen. Ein Narrativ lautete, dass man damit in erster Linie die Schwächsten der Gesellschaft, also die Alten und Kranken, schützen würde, bei denen eine Corona-Infektion tödlich verlaufen könne.

Was das Abstandhalten angeht, sollte streng darauf geachtet werden, dass man sich seinen Mitmenschen bis auf höchstens 1,5 Metern nähert. In den meisten Geschäften wurden auf dem Boden Markierungen aufgeklebt, damit es den Kunden insbesondere an den Kassenschlangen leichter fällt, den Abstand abzuschätzen. Wenn jemand nicht peinlich diesen Mindestabstand einhielt, erntete er im günstigsten Fall böse Blicke. Etwas später wurde noch geregelt, wie viele Menschen sich in Abhängigkeit von der Verkaufsfläche gleichzeitig in einem Geschäft aufhalten durften. Überwacht wurde das entweder von Sicherheitskräften oder durch elektronische Geräte, die bei Erreichen des Grenzwertes den Zutritt verwehrten. Freilich konnte auch diese Regel nicht verhindern, dass sich die Kunden in engen Gängen sehr nahe kamen. In Parks und auf öffentlichen Plätzen gab es Warnschilder, die an das Abstandhalten erinnerten. »Abstand ist der neue Anstand« lautete der Slogan. Ich konnte tatsächlich des Öfteren Menschen beobachten, welche die Straßenseite wechselten, wenn ihnen jemand entgegenkam.

Zu den Hygieneregeln gehörte, dass man in die Armbeuge niesen, dass man sich regelmäßig die Hände waschen und desinfizieren soll. In den Geschäften wurden jetzt überall Hygienetrennwände aus Plexiglas montiert, die man als »Spuckschutz«

bezeichnet und die insbesondere die Kassiererinnen schützen sollen.

Das Tragen der Alltagsmasken war ja schon etwas, was viele seit Wochen freiwillig gemacht hatten.

In der Anfangszeit waren noch beliebige Stoffmasken erlaubt. Selbst Buffs waren zulässig.

Selbstverständlich trug auch ich überall, wo es gefordert war, meine Maske. Zum einen erschien es mir damals notwendig zu sein, um mich und andere nicht zu gefährden. Zum anderen wollte ich keine Strafe zahlen, falls ich von einem Ordnungshüter unmaskiert erwischt werden sollte.

Wenngleich ich mich selbst gewiss nicht davon freisprechen konnte, Angst vor einer Infektion zu haben, amüsierte es mich ziemlich, wenn ich sah oder hörte, zu welchen Blüten die Angst bei manchen Zeitgenossen führte.

So berichtete mir eines Tages ein Nachbar: »Das mit dem Corona-Virus ist ja wirklich nicht zu unterschätzen. Aber wie meine Eltern damit umgehen, ist schon krankhaft. Sie verlassen seit Tagen nicht mehr das Haus. Die Zeitung und Postsendungen legen sie erst eine halbe Stunde in den vorgeheizten Backofen, da sie fürchten, in diesen könnte sich das Virus eingenistet haben.«

Wie gebannt informierte ich mich jetzt mehrmals am Tag über die neueste Ausbreitung des Virus.

Die Fernsehsender wurden nicht müde, darüber zu berichten. Täglich wurden auf sämtlichen Kanälen die Zahlen der Neuinfektionen sowie der an Corona Verstorbenen Menschen verbreitet. Beide Werte stiegen von Tag zu Tag bedenklich.

Einige Journalisten wählten drastische Worte. So war etwa von einer »großen Strafe Gottes«, von der »Ausrottung der Menschheit« oder vom »Weltuntergang« die Rede. Auch das Wort vom »Killervirus« machte die Runde.
Im Grunde waren es immer dieselben Experten, die in den Medien präsent waren. Der wohl uns allen mittlerweile bekannteste Wissenschaftler, den wir in der Coronazeit auf allen Kanälen hören und sehen können, ist Prof. Dr. Christian Drosten. Der Virologe ist Lehrstuhlinhaber und Institutsdirektor an der Berliner Charité. Wer könnte diesem sympathisch wirkenden Mann, der stets einen sehr besorgten und empathischen Eindruck vermittelt, nicht glauben, wenn er das Virus als höchst gefährlich einstuft?
Ein weiteres Gesicht, das uns seitdem nahezu täglich vom Fernsehschirm anschaut, ist das von Professor Lothar Wieler, dem Chef des Robert-Koch-Instituts (kurz: RKI). Das RKI wurde von nun an bis zum heutigen Tag nie müde, uns ständig mit besorgniserregenden Zahlen, Statistiken und Prognosen auf die Gefahren der Corona-Pandemie hinzuweisen. In jeder Nachrichtensendung erfahren wir die neuesten Zahlen: Anzahl der Neuinfekti-

onen, Anzahl der an Corona Verstorbenen sowie den Inzidenzwert, der eine Aussage darüber macht, wie viele von 100.000 Bürgern sich in den letzten sieben Tagen infiziert haben.

Diese Zahlen stiegen von Tag zu Tag. Wer sollte da nicht den Eindruck gewinnen, dass die Einschläge immer näher kommen?

Auch fast alle deutschen Politiker wiesen immer wieder auf die große Gefahr hin und mahnten permanent zu größter Vorsicht. Insbesondere Bundesgesundheitsminister Jens Spahn und den Bundestagsabgeordneten Prof. Dr. Karl Lauterbach sah und hörte man in nahezu jeder Sendung.

Es gab für mich nicht den leisesten Zweifel daran, dass alles, was die Experten und Politiker sagten, der Wahrheit entspricht, zumal Experten anderer Staaten ins gleiche Horn stießen. Ich hatte die Hoffnung, dass diese Leute das Problem in den Griff bekommen würden. Möglicherweise war ich da ein wenig naiv.

Nun besuchte ich wieder einmal meinen Bruder und seine Frau, weil ich natürlich wissen wollte, wie die beiden die Lage einschätzten.

Ich bemerkte schon bald, dass Matthias und Linda die Situation recht unterschiedlich bewerteten. Während Linda und ich über die dramatische Situation klagten und hofften, dass bald ein Impfstoff verfügbar sein werde, meinte Matthias: »Meiner Meinung nach seht ihr das alles sehr einseitig. Ihr müsst mal aus eurer Angstblase rauskommen. Angst war noch nie ein guter Ratgeber. Dass wir seit Monaten von den Politikern, *einigen* Wissenschaftlern und den Mainstream-Medien so in Panik versetzt werden, hat Methode. Und es ist keine gute Methode.«

»Fängst du jetzt schon wieder mit deinen Verschwörungstheorien an?«, sagte Linda abfällig und verließ den Raum.

»Es ist schlimm, wie die Corona-Debatte die Menschen und selbst viele Familien spaltet. Mit Linda kann ich über das Thema nicht mehr sachlich reden.«

»Natürlich sind Angst und Panik kontraproduktiv. Aber meinst du nicht, dass diese Leute deshalb so drastische Worte wählen, damit wir nicht zu leichtsinnig werden?«, fragte ich.

Matthias zog die Augenbrauen hoch. »Nein, ich finde das höchst gefährlich und verantwortungslos. Jeder sollte wissen, dass Angst das Immunsystem gewaltig schwächt. Und gerade jetzt brauchen wir alle ein gutes Immunsystem. Wenn es ihnen wirklich nur darum ginge, dass wir nicht leichtfertig mit der Situation umgehen, würden sie andere Worte wählen. Ich traue den Brüdern nicht mehr über den Weg. Wenn ich es vorsichtig ausdrücken sollte, würde ich sagen, sie übertreiben maßlos. Ich drücke es aber nicht vorsichtig aus und sage: Die Lügen uns die Hucke voll! Das erinnert mich an alle großen Kriege des letzten Jahrhunderts. Der Zweite Weltkrieg, die Kriege in Vietnam, Irak und

Afghanistan basierten alle auf einer großen Lüge, mit denen die Kriegstreiber ihre wahren Motive und Interessen verschleiern wollten, um das Volk für den Krieg zu begeistern.«

Diesen sonderbaren Vergleich hielt ich für eine völlig überzogene Polemik. Freilich wusste ich, dass die Gründe für die von Matthias angeführten Kriege andere waren als die offiziell genannten, dass man vielmehr krasse Lügen vorgeschoben hatte. Auch war mir seit Jahren klar, dass man Politikern weiß Gott nicht alles glauben kann. Wie oft wurden uns – insbesondere wenn Wahlen anstanden – die tollsten Versprechungen gemacht, die später nie eingehalten wurden. Dass schon etliche Politiker der Korruption überführt wurden, war mir ebenfalls nicht unbekannt. Aber dass sie in einer so prekären und lebensbedrohlichen Situation die Unwahrheit sagen würden, schloss ich kategorisch aus.

Auch war mir bewusst, dass Wissenschaftler sich irren können. Die Tatsache, dass *alle* Experten, die man hören konnte, nahezu das Gleiche sagten, prognostizierten und empfahlen, war für mich ein deutliches Indiz dafür, dass sie sich nicht irrten, dass man ihre Aussagen und Forderungen ernst nehmen müsse. Außerdem war sich ja fast die ganze Welt einig, dass man es mit einem höchst gefährlichen Virus zu tun habe.

Als ich Matthias sagte, dass die permanent steigenden Infektionszahlen und Inzidenzwerte doch wohl ein klares Indiz für die rasante Ausbreitung des Virus und dessen Gefährlichkeit seien, meinte er: »Werfen diese Zahlen und Statistiken bei dir keine Fragen auf? Welche Aussagekraft hat es, wenn es etwa heißt, es gebe 10.000 Neuinfizierte? Die Aussagekraft ist sehr gering, da nicht angegeben wird, auf wie vielen Tests diese Zahl basiert. Es macht doch wohl einen gewaltigen Unterschied, ob man beispielsweise 50.000 oder 500.000 Personen getestet hat. Diese Basiszahl wird aber nie genannt. Wenn ein Mensch erzählt, er habe 100 € verloren, so macht das noch keine Aussage darüber, wie hart dieser Verlust für ihn ist. Gehört er zu den Geringverdienern, so ist der Verlust recht hoch, gehört er zu den Topverdienern, so ist er nicht der Rede wert. Dann wird durch die Zahlen suggeriert, dass die meisten Infizierten auch schwer an Covid-19 erkranken. Die weitaus meisten werden jedoch nicht einmal bemerken, dass sie infiziert sind. Sie werden keine oder nur ganz leichte Symptome bekommen. Natürlich sterben einige Menschen an Covid-19. Aber die Anzahl der genannten Todesopfer sagt nicht viel aus, da in den weitaus meisten Fällen die Verstorbenen zwar das Virus hatten, aber letztlich an ganz anderen Ursachen gestorben sind, an denen sie auch gestorben wären, wenn sie nicht infiziert gewesen wären. Die Menschen sterben also eher selten *an*, sondern vielmehr *mit* dem Corona-Virus.

Besonders perfide finde ich, dass uns im Zusammenhang mit diesen Zahlen häufig Bilder, die überfüllte Intensivstationen oder Patienten, die an

Beatmungsgeräten angeschlossen sind, gezeigt werden. Diese prägen sich stark ins Unterbewusstsein ein und erzeugen gewaltige Existenzängste.«

Mein Bruder fuhr fort: »Wie du sicher weißt, wird meistens der sogenannte PCR-Test eingesetzt, um eine Infektion mit SARS-CoV-2 zu diagnostizieren. Selbst der Erfinder des PCR-Tests, Dr. Kary Banks Mullis, sagte, dass dieses Testverfahren ungeeignet sei, eine Infektion nachzuweisen. Er kann lediglich das Vorhandensein von Bruchstücken des Corona-Virus aufspüren. Somit werden dadurch viele Menschen positiv getestet, obwohl sie gar nicht wirklich infiziert sind und erst recht keine Symptomatik aufweisen. Folglich müsste man allein aus diesem Grund alle Zahlen deutlich nach unten korrigieren.«

Die gleiche Aussage hatte ich übrigens ein paar Tage vorher auch von einem meiner Arbeitskollegen aufgeschnappt. Allerdings hielt ich die Einschätzungen vieler Experten, die Verfechter dieses Testverfahrens sind, für zutreffend. Da mir die Kompetenz fehlte, das Ganze zu beurteilen, sagte ich nichts.

Was die begrenzte Aussagekraft der Zahlen anging, musste ich Matthias allerdings Recht geben. Aber seine tendenziell verharmlosende Einschätzung des Virus sowie die Behauptung, dass man uns die Hucke voll lüge, konnte ich nicht teilen. Dennoch begann es erstmals in mir zu arbeiten. Ich konnte das Ergebnis allerdings noch nicht greifen.

Der erste Lockdown

Da die Zahl der Infizierten immer mehr anstieg, war klar, dass die AHA-Regeln nicht ausreichend waren, um die Verbreitung des Virus entscheidend einzudämmen. Die Verfügbarkeit eines Impfstoffes, auf den die ganze Welt sehnlichst wartete, war noch nicht in Aussicht. Wie in vielen anderen Ländern sah sich nun auch die deutsche Regierung veranlasst, ein ganz starkes Geschütz aufzufahren.

Mit Wirkung vom 22. März 2020 trat der erste sogenannte »Lockdown« in Kraft. Das öffentliche Leben wurde auf ein zuvor nie für möglich gehaltenes Mindestmaß reduziert. Wie jeder Leser weiß, durfte man das Haus im Grunde nur noch aus wichtigem Grund verlassen, etwa um in den Supermarkt, zum Arzt, zur Apotheke oder zum Arbeitsplatz zu gelangen. Phasenweise wurde sogar eine nächtliche Ausgangssperre verhängt. An Reisen – insbesondere ins Ausland – war nicht zu denken. Manche Staaten hätten aus Angst, jemand könnte das tödliche Virus importieren, am liebsten ihre Grenzen mit hohen Mauern geschützt. In einigen Regionen galt sogar die Regel, dass man sich maximal 15 Kilometer von seinem Wohnort entfernen dürfe.

Schulen und Kindergärten wurden dicht gemacht, Spielplätze gesperrt. Die Schüler mussten ihr Unterrichtspensum daheim online absolvieren.

Der Begriff »Home-Schooling« wurde geprägt. Den Schülern wurden die so wichtigen sozialen Kontakte mit Lehrern und Mitschülern entzogen. Viele Eltern waren völlig überfordert, ihre Kinder beim Lernen zu unterstützen. Die Lerndefizite, die sich schon bald zeigen dürften, werden gravierend sein.

Auch das Arbeiten im »Home-Office« stellte jetzt für immer mehr Arbeitnehmer die einzige Möglichkeit dar, ihren Job auszuüben. In allen Fällen, in denen es möglich war, mussten die Leute von daheim aus arbeiten. Einige begrüßten diese Arbeitsweise, weil sie sich dadurch die Fahrtzeiten und -kosten ersparen konnten. Andere litten darunter, weil ihnen der persönliche Kontakt zu ihren Kollegen sehr fehlte.

Selbst die ›Heilige Kuh‹ Fußball-Bundesliga war betroffen. Es wurden alle Spiele abgesagt. Selbstverständlich galt das erst recht für die unteren Ligen und für alle anderen Sportarten. Der gesamte Profi- und Freizeitsport kam zum Erliegen.

Es galten strenge Kontaktverbote, die je nach Bundesland und zum Teil in Abhängigkeit von den Inzidenzwerten differierten. Zu privaten Treffen durften teilweise höchstens zehn Menschen aus maximal zwei Haushalten zusammenkommen. Beerdigungen und Hochzeiten durften nur in allerkleinstem Kreis stattfinden. Bis auf Lebensmittelläden, Apotheken, Drogeriemärkte und Tankstellen mussten alle Geschäfte, Restaurants und Cafés schließen. Selbst die Kirchen durften ihre Tore nicht öffnen.

Es war das erste Mal in der 2000-jährigen Geschichte des Christentums, dass an Ostern keine Gottesdienste stattfinden durften. Wer hätte es jemals für möglich gehalten, dass einmal Bordelle und Kirchen aus demselben Grund schließen müssten!

Ich bin gewiss kein besonders guter Katholik, allerdings ist es mir an besonderen Feiertagen durchaus ein Bedürfnis, einen Gottesdienst zu besuchen. Die österliche Auferstehungsfeier hatte ich noch nie versäumt. Doch in diesem Jahr war es uns verwehrt. Wie schlimm muss das erst für Menschen gewesen sein, die tiefer im Glauben verwurzelt sind als ich!

Dass in dieser Zeit auch die Fitnessstudios nicht öffnen durften, war für mich besonders schlimm. Das dortige Training und auch meine Gymnastikstunden fehlten mir sehr, da sie längst einen wichtigen Platz in meinem Leben eingenommen hatten. Gegen Ende des Lockdowns begann mein Rücken wieder zu zicken und zu zwicken.

Da ich alles andere als ein begnadeter Koch bin, besuchte ich normalerweise des Öfteren ein Restaurant, um dort meine Mahlzeit einzunehmen. Auch das war jetzt nicht mehr möglich.

Am 22. April 2020 – also inmitten des ersten Lockdowns – feierte meine Schwägerin Linda ihren 40. Geburtstag. Außer mir waren noch ihr Bruder

Dieter mit seiner Frau sowie ihre Schwester Petra eingeladen. Es war vermutlich Lindas erster Geburtstag, an dem ihre Eltern nicht zugegen waren. Da sie schon über siebzig Jahre alt waren, gehörten sie zur Altersgruppe der besonders gefährdeten Menschen. Linda hatte große Angst, einer der Gäste könnte ihre Eltern infizieren. Daher bat sie diese, daheim zu bleiben.

Weil die Gäste aus drei verschiedenen Hausständen stammten, verstießen wir mit dieser Zusammenkunft natürlich gegen die Auflage, dass sich nur Personen aus maximal zwei Hausständen treffen durften. Da uns das bewusst war, parkten wir unsere Autos in gewissem Abstand zum Haus meines Bruders. Außerdem waren alle Vorhänge zugezogen, so dass die Gefahr, dass uns ein Nachbar denunzieren könnte, minimiert war. Ja, die Gefahr, von einem besorgten Nachbarn angezeigt zu werden, wenn man sich nicht an die Maßnahmen hielt, war recht groß. Ein regelrechtes Denunziantentum blühte auf.

Wann immer wir gemeinsam etwas zu feiern hatten, stießen alle zunächst mit einem Gläschen Sekt an. Der Gastgeber pflegte dann immer zu sagen: »Seid mir herzlich willkommen! Ich wünsche uns allen einen schönen Abend. So jung kommen wir nie wieder zusammen.«

An diesem Tag modifizierte Linda den Willkommensgruß: »Seid mir herzlich willkommen! Ich wünsche uns einen schönen Abend. Vielleicht ist es heute das letzte Mal, dass wir uns alle sehen.«

Wir schauten alle etwas irritiert. »Wie meinst du das, Mutti?«, fragte Christian.

Dieter erwiderte: »Es steht zu befürchten, dass das Corona-Virus Millionen Menschen infiziert. Viele werden wohl sterben. Aber es muss ja keinen von uns erwischen.« »Wenn wir alle sehr, sehr vorsichtig sind und uns an die Schutzmaßnahmen halten, wird es uns schon nicht erwischen«, fügte Petra hinzu.

Jeder schaute sehr betroffen. Ich spürte sofort, dass ich wieder in der Angstspirale war. Nur mein Bruder lächelte, wie wenn ihn das gar nicht beträfe.

Schließlich ergänzte Petra: »Vermutlich wird es schon Ende des Jahres genügend Impfdosen geben. Spätestens dann wird der Spuk vorbei sein.«

Von da an sprachen wir an diesem Abend nicht mehr über dieses bedrückende Thema. Eine entspannte und fröhliche Stimmung wollte allerdings nicht aufkommen.

In der Zeit des Lockdowns bekam ich mit, dass in der Nachbarschaft ungewöhnlich häufig Polizeistreifenwagen zu sehen waren. Als ich einmal einen mir gut bekannten Polizisten traf, fragte ich ihn: »Mir fällt auf, dass Kollegen von dir dauernd in der Gegend patrouillieren. Müsst ihr überprüfen, ob sich die Bürger an die Beschränkungen halten, welche die Anzahl der Menschen, die sich in einer Wohnung treffen dürfen, festlegen?«

»Ja, das kommt durchaus vor. Manchmal rufen uns Leute an und sagen, dass in der Nachbarschaft eine Feier mit vielen Leuten im Gange sei. Dann schauen wir schon einmal nach. Aber es gibt noch einen anderen Grund für unsere Präsenz: Dadurch, dass die Leute nur noch aus wichtigem Grund das Haus verlassen dürfen, kommt es bei vielen zu schweren psychischen Störungen bis hin zu schweren Depressionen. Insbesondere Menschen, die in sehr beengten Wohnverhältnissen leben, leiden sehr darunter. Dadurch haben die Fälle der häuslichen Gewalt drastisch zugenommen. Auch ist die Selbstmordrate deutlich gestiegen.«

In unserem Krankenhaus wurden in dieser Zeit ebenfalls signifikant mehr Frauen und Kinder behandelt, die von ihren Ehemännern bzw. Vätern misshandelt wurden.

Mir war längst bewusst, wie viel Leid und Not der Lockdown für die Menschen mit sich bringt. Ich hielt diese Maßnahme aber für alternativlos und hinterfragte sie nicht.

Das sollte sich allerdings ein paar Tage später, als mich mein Bruder besuchte, schleichend und allmählich ändern.

Es dauerte nicht lange, bis wir bei dem Thema waren, das die Welt seit Monaten beherrschte. Matthias begann: »Bist du eigentlich immer noch der Meinung, dass das Corona-Virus wirklich so gefährlich ist, wie es uns in den Medien seitens der Experten und Politiker dargestellt wird?«

»Da kann es doch keine zwei Meinungen geben, dass dem so ist! Das sagen doch alle Wissenschaftler! Außerdem sprechen die Infektions- und Todeszahlen eine klare Sprache!«

»Sagen das wirklich *alle* Wissenschaftler?«
»Ja, natürlich! Das kann man doch seit Monaten in jeder Nachrichtensendung und in jedem Fernsehmagazin hören!«

»Nun ja, das sagen alle, die man in den üblichen Fernsehprogrammen zu Wort kommen lässt! Natürlich wird dadurch suggeriert, es handele sich um den wissenschaftlichen Konsens. Dass man etwa einen Christian Drosten zum Experten von Regierungsgnaden erkoren hat, kommt meines Erachtens nicht von ungefähr. Zum einen ist Professor Drosten als Scharfmacher und Impfbefürworter bekannt. Bereits in den Jahren 2009/10, als die Schweinegrippe auftrat, wurde von der WHO, dem Robert-Koch-Institut und der Pharmalobby eine epidemische Gefahr ausgerufen und zur Impfung mit einem nicht hinreichend getesteten Impfstoff geraten. Schon damals ließ sich Herr Drosten vor deren Karren spannen. Wie heute jeder weiß, wurde schnell offenbar, dass es sich um einen Fehlalarm handelte! Was vielleicht nicht jeder weiß, ist, dass über 1.000 – vorwiegend jüngere – Menschen, die sich damals impfen ließen, bis heute unter schwersten Nebenwirkungen – insbesondere Narkolepsie – zu leiden haben und dass Impfdosen im Werte von vielen Millionen Euro entsorgt werden mussten. Zum anderen ist der telegene, smarte Herr Drosten ein Mann, der aufgrund seiner sympathischen Erscheinung bei den Zuschauern gut ankommt.

Man nimmt ihm gerne ab, dass er nur zum Wohle seiner Mitmenschen wirkt. Wer könnte einem so netten Menschen nicht vertrauen? Schon zu Beginn der Pandemie genoss er fast einen Kultstatus, wie ihn ansonsten nur Sport- oder Popstars genießen.«

»Also, ich muss ganz ehrlich zugeben, dass mir Herr Drosten auch sehr sympathisch ist. Außerdem ist er doch nicht der einzige Experte, den man laufend im Fernsehen sieht. Dort treten doch auch andere auf, welche die Lage ähnlich dramatisch einstufen!«

»Natürlich ist Professor Drosten nicht der einzige Experte, dem die Regierung vertraut und der fast täglich in den Mainstream-Medien zu Wort kommt. Vielleicht kann man von etwa einem Dutzend Virologen, Epidemiologen und Medizinern sprechen, die sich zu den von der Regierung auserwählten Experten zählen dürfen. Insbesondere ist hier noch Professor Dr. Lothar Wieler zu erwähnen. Er ist studierter Veterinärmediziner und Präsident des RKI. Es mag schon ein wenig erstaunlich sein, dass die Bundesregierung und auch die Landesregierungen ausgerechnet einen Tierarzt zu ihrem Berater bei Infektionskrankheiten gewählt haben. Nun ja, wenn man bedenkt, dass der Mensch aus Sicht der heutigen materialistischen Wissenschaft nichts weiter als ein hochentwickelter Affe ist, mag das noch konsequent sein. Da diese von der Regierung für kompetent und vertrauenswürdig gehaltenen Wissenschaftler die Lage im Großen und Ganzen gleich beurteilen und die Maßnahmen zur Eindämmung des Virus vorgeschlagen oder zumindest begrüßt haben, glauben viele, dass ihre Meinung und Beurteilung der Situation wissenschaftlicher Konsens sei, dass *alle* Fachleute das genauso sehen. Jemand, der sich seine Informationen nur über die Mainstream-Medien holt, muss fast zwangsläufig zu dieser Ansicht gelangen.

Das entspricht aber keineswegs den Tatsachen. Es gibt unzählige hoch- und höchstrangige Experten, die *völlig anderer* Meinung sind, welche die Gefährlichkeit des Virus als deutlich weniger schlimm betrachten und die getroffenen Maßnahmen für kontraproduktiv, ja gefährlich halten. Als Repräsentant dieser ›Unsichtbaren‹ und Ungehörten sei hier nur der Mediziner und Mikrobiologe Prof. Dr. Sucharit Bhakdi genannt. Es gibt weltweit eine sehr große Zahl von Virologen und Medizinern, welche Professor Bhakdis Forschungen und Thesen stützen. Wenn es um ein so wichtiges Thema wie eine durch ein vermeintlich neues Virus ausgelöste Pandemie geht, so wäre es doch eigentlich geboten, dass es zu einem Austausch, zu einem Diskurs unter den verschiedensten Wissenschaftlern kommt. Es müssten alle Meinungen gehört und überprüft werden, *bevor* man irgendwelche Maßnahmen ergreift. Das geschieht aber in keiner Weise. Alle Experten, die nicht die gleiche Ansicht vertreten wie die Herren Drosten, Wieler und Co., werden im günstigsten Fall als inkompetent oder unseriös diffamiert. Es gibt sogar schon Mediziner, deren Arbeitsverhältnis man gekündigt hat, weil sie ihre für die Regierung unbequemen Einschätzungen öffentlich gemacht haben! Gerade Professor Bhakdi war in der Zeit vor Corona ein weltweit höchst anerkannter und geschätzter Experte, dessen Meinung allen wichtig war. Jetzt wird er mundtot gemacht.«

Dann meinte Matthias noch: »Du solltest vielleicht einmal deine Informationskanäle erweitern. Du musst nur ein wenig im Internet surfen, um auf Beiträge zahlreicher anderer Experten zu stoßen, die eine gänzlich andere Meinung vertreten. Aber du musst dich beeilen! Viele Beiträge, die dem offiziellen Narrativ widersprechen, werden oftmals wie von Zauberhand gelöscht.«

»Verstößt das nicht gegen die in unserem Grundgesetz verankerte Meinungsfreiheit?«, fragte ich verwundert.

»Richtig! Gemäß Artikel 5 darf in unserem Land jeder seine Meinung in Wort, Schrift und Bild frei äußern und verbreiten. Eine Zensur ist explizit ausgeschlossen. Derzeit wird dieser Artikel des Grundgesetzes mit Füßen getreten. Das ist umso schlimmer, wenn man bedenkt, dass das Internet seit Jahren von gewaltverherrlichenden, rechtsextremistischen und übelsten pornografischen Beiträgen überschwemmt wird. Diese löscht im Normalfall keiner!«

Ich muss zugeben, dass mich das, was Matthias ausführte, sehr betroffen machte.

In den nächsten Tagen befolgte ich den Rat meines Bruders. In der Tat fand ich schon schnell Internetseiten und YouTube-Videos, auf denen etliche Virologen und Mediziner in sehr sachlicher und durchaus nachvollziehbarer Weise darstellten, dass das Corona-Virus zwar nicht zu verharmlosen sei, dass es aber im Grunde nicht gefährlicher als ein Grippevirus sei. Diese Aussage konnten sie mit Zahlen belegen. Auch kritisierten sie die von der Regierung getroffenen Corona-Maßnahmen, die nach ihrer Ansicht mehr schaden als nützen.

Mehr und mehr gelangte ich zu der Überzeugung, dass den Einschätzungen der Bhakdis dieser Welt eher Glauben zu schenken ist als den Experten, die von der Regierung einseitig ausgewählt wurden, um ihre Corona-Strategie zu legitimieren.

Vielleicht fragen Sie sich, wie ein virologischer Laie wie ich das beurteilen kann. Nun, ich finde, dass *jeder* Mensch in seinem Innersten so etwas besitzt, das man als ›Wahrheitsempfinden‹ bezeichnen könnte. In der Tat erscheint mir bis zum heutigen Tage dasjenige, was diese ungehörten Wissenschaftler sagen, der Wahrheit zu entsprechen oder ihr zumindest nahe zu kommen. Ihre Aussagen tragen meines Erachtens mehr zu einer sachlichen Aufklärung bei als die teils sehr populistischen und nur auf Angstmache setzenden Mantren der Hofberichterstatter.

Aber das ist natürlich eine sehr individuelle Entscheidung, die jeder für sich treffen muss. Unstrittig ist, dass es unverzeihlich ist, etwa einen Professor Bhakdi oder einen Dr. Wolfgang Wodarg – um noch einen unabhängigen Experten zu nennen – nicht in den Diskurs mit einzubinden.

Ein paar Tage später brachte ich dieses Thema in der Kaffeepause im Krankenhaus auf. Ich fragte meine Kollegen, ob sie schon einmal die Ansichten eines Herrn Bhakdi oder einiger anderer Experten, die man im Wesentlichen nur im Internet findet, studiert hätten. Schnell wurde deutlich, dass die Meinung meiner Kollegen sehr gespalten war. Die meisten wischten es mit der Bemerkung »Das sind alles Quacksalber!« vom Tisch.

Im Grunde war es nur meine Kollegin Erika Balhuber, eine ältere Krankenschwester, welche die ganze Lage sehr kritisch sah. »Dass da irgendetwas nicht stimmt, sieht man daran, dass diese Experten wie etwa Professor Bhakdi in den üblichen Medien nie zu Wort kommen. Lediglich der österreichische Fernsehkanal ›Servus TV‹ hat ihn einmal zu einer Talkrunde eingeladen. Das war das erste Mal, dass ich Herrn Bhakdi wahrgenommen habe. Seine Ausführungen haben mich voll überzeugt. Er ist ja keiner, der Covid-19 als eine völlig harmlose Krankheit bezeichnet. Allerdings relativiert er die Gefahr und kritisiert heftig die Corona-Maßnahmen, die er für überzogen und sogar schädlich hält.«

Drei Kollegen verließen die Runde, so dass nur noch Erika und ich sowie ein jüngerer Kollege im

Raum blieben. Dieser stieß ins gleiche Horn: »Was hat das noch mit Wissenschaft zu tun, wenn man nur auf die Meinung einiger weniger Forscher hört und die der anderen nicht nur nicht berücksichtigt, sondern sogar totschweigt? Zu einer sauberen, gewissenhaften wissenschaftlichen Forschung gehört, dass man auch andere Ergebnisse und Ansichten berücksichtigt. Gerade der wissenschaftliche Diskurs ist nicht nur fruchtbar, sondern notwendig. Freilich hatten die Regierungen der jeweiligen Länder nicht beliebig viel Zeit, um ihre Maßnahmen gegen die Pandemie zu treffen. Dennoch ist es unverantwortlich, die Ansichten anders denkender Fachleute völlig außen vor zu lassen. Die Wahl der Experten, denen unsere Regierung vertraut, war sehr einseitig. Besonders verurteile ich, dass sie auch den mündigen und interessierten Bürgern kaum eine Chance gibt, sich selbst mit den Meinungen dieser von ihnen ignorierten und zum Teil sogar diffamierten Experten vertraut zu machen. Von einigen sind sogar schon die Internetseiten gelöscht worden. Das hat mit Meinungsfreiheit oder gar Meinungsvielfalt nicht das Geringste zu tun! Zu einer seriösen Berichterstattung ist es unerlässlich, dass man den Bürgern auch die Meinung derjenigen Virologen, Epidemiologen und Mediziner nicht vorenthält, welche die Gefahr des Corona-Virus und insbesondere die verabschiedeten Maßnahmen anders bewerten. Diesen kritischen Wissenschaftlern wird aber in keinem Radio- oder Fernsehsender und auch in keiner der gängigen

Zeitungen Gehör verschafft. In keine Talkshow werden sie eingeladen. Selbst sonst so kritische Fernsehmagazine und Satiresendungen, die dafür bekannt sind, jeden kleinen oder großen politischen Skandal schonungslos aufzudecken, tun so, als gäbe es nur eine Meinung. Man kann nicht anders, als das böse Wort von der ›Gleichschaltung‹ der Medien zu benutzen. Eine solche Gleichschaltung kennt man ansonsten nur aus dem Dritten Reich, aus der DDR und aus anderen totalitären Regimes.

Wir müssen uns heute schon ein wenig bemühen, im Internet oder auf dem Büchermarkt auf die Ungehörten aufmerksam zu werden. Nur wenn wir beide Seiten hören, haben wir eine Chance, uns ein eigenes Urteil zu bilden. Als die Erben eines Volkes der großen Dichter und Denker sollten wir noch nicht so degeneriert sein, dass wir unfähig wären, über den Tellerrand der Mainstream-Medien hinauszuschauen und uns eine eigene Meinung zu bilden.«

Erika ergänzte: »Viele gehen ja davon aus, dass es eine große Mehrheit in der Ärzteschaft sei, welche die Ansichten, die uns über die Mainstream-Medien Tag für Tag eingehämmert werden, teilt. Das ist aber ganz gewiss nicht so. Ich kenne einige Ärzte persönlich, die eher auf der Linie eines Herrn Bhakdi sind. Auch in unserem Haus gibt es zwei, einen Stations- und einen Oberarzt, die insbesondere die Maßnahmen bis hin zum Lockdown für völlig falsch halten. Sie trauen sich mittlerweile aber nicht mehr, ihre Meinung öffentlich zu vertreten, weil ihnen schon mit Konsequenzen bis hin zur Kündigung gedroht wurde.«

Ich war ziemlich überrascht, dass Matthias mit seiner Meinung, die ich ja mittlerweile im Großen und Ganzen teilte oder zumindest nachvollziehen konnte, nicht allein dastand.

Dennoch konnte oder wollte ich immer noch nicht glauben, dass wir von offizieller Seite manipuliert werden sollten. Ich beschloss, das Ganze ein wenig gelassener zu sehen und mich von der Angst vor dem Virus nicht mehr so sehr vereinnahmen zu lassen. Nach wie vor hoffte ich darauf, dass bald ein Impfstoff verfügbar sein werde.

Die Zeit zwischen den Lockdowns

Nach 7-wöchigem Lockdown kam es nach und nach zu Lockerungen, auf die alle sehnlichst gewartet hatten.

Anfang Mai durften auch Geschäfte, Restaurants und Cafés – zumindest mit gewissen Einschränkungen bezüglich der Auslastung – wieder öffnen. Das Leben in den Städten begann langsam wieder zu pulsieren. Wie die wohl meisten Menschen war ich heilfroh, dass der Lockdown vorüber war. Es gab jedoch auch Zeitgenossen, welche die Meinung vertraten, dass der Lockdown zu kurz und nicht hart genug gewesen sei. Die Maßnahmen und Auflagen, die nach wie vor galten, akzeptierte ich als ein notwendiges Übel, wenngleich mir viele überflüssig und geradezu absurd erschienen.

Experten und Politiker gaben keineswegs Entwarnung. Vielmehr sprachen sie schon jetzt von einer schweren Welle, die im Herbst auf uns zukommen könnte. Sie ermahnten uns über alle Kanäle zu größmöglicher Vorsicht und Einhaltung der AHA-Regeln. Der Gefahr einer neuen schweren Welle wurde die Hoffnung entgegengesetzt, dass bis dahin schon ein Impfstoff zugelassen worden sein könnte. Nach wie vor wurde den kritischen Experten kein Ohr geliehen.

Freilich freute ich mich, mal wieder in ein Café oder ein Restaurant gehen zu können. Besonders wichtig war mir aber, dass die Fitnessstudios wieder öffnen durften. Selbstverständlich wurde peinlichst darauf geachtet, dass sich alle an die Hygieneregeln hielten. Allerdings sind die Regularien, wann man die Maske abnehmen darf, zum Teil schwer nachvollziehbar. Wenn man das Studio betritt, wenn man in der Umkleidekabine ist, wenn man zur Toilette geht und wenn man das Studio wieder verlässt, gilt Maskenpflicht. Während des eigentlichen Trainings darf man sie aber – erfreulicherweise – abnehmen, obwohl man dabei anderen Besuchern viel näher kommt, als es etwa beim Betreten oder Verlassen des Studios der Fall ist. Ähnliches gilt auch für Restaurantbesuche.

Auch konnte ich wieder an den Gymnastikstunden teilnehmen. Mein Rücken dankte es mir.

Nachdem die Kirchen ihre Tore wieder öffnen durften, hatte ich das Bedürfnis, eine Heilige Messe zu besuchen.

Schon am Kirchenportal hing ein großer Aushang, auf dem unter anderem zu lesen war, das man sich vor Betreten des Gotteshauses die Hände desinfizieren, dass man während des gesamten Gottesdienstes die Maske tragen und dass man sich in den Gängen und Bänken an die Abstandsregeln halten müsse. Auch wurde darauf hingewiesen, dass Singen nicht erlaubt sei.

Als ich die Kirche betreten wollte, stellte sich mir ein Mann in den Weg, der am Arm eine Binde mit der Aufschrift »Ordner« trug. Er fragte mich nach meinem Namen. Als ich ihm diesen nannte, schaute er in eine Liste und sagte mit bedeutungs-schwerer Stimme: »Sie sind nicht angemeldet! Ich darf Sie nicht hineinlassen! Melden Sie sich das nächste Mal vorher im Pfarrbüro an!«

Ich schüttelte den Kopf und dachte: »Noch vor ein paar Monaten war man froh, wenn überhaupt Menschen in die Kirche gehen und jetzt wird man am Zugang gehindert.«

Am folgenden Donnerstag meldete ich mich dann tatsächlich im Pfarrbüro für den Besuch der sonn-täglichen Messfeier an. Die Dame fragte mich nach meinem Namen, den sie dann in eine Liste eintrug. Dann wollte sie wissen: »Kommen Sie mit einer Begleitperson?« Als ich verneinte, sagte sie: »Gut! Ich habe den Platz mit der Nummer 34 für Sie reserviert.«

Am besagten Sonntag traf ich rechtzeitig an der Kirche ein. Wieder kam der Ordner auf mich zu und fragte nach meinem Namen. »Ich heiße Werner Wegener. Ich bin angemeldet.« Der Ordner schaute gefühlte Minuten lang in seine Liste und sagte dann in einem Ton, als ob er ein richterliches Urteil ver-künden würde: »Richtig! Gehen Sie auf Platz 34!«

Dann ging ich ins Kirchenschiff und schaute auf die Reihen mit den Kirchenbänken. Jede zweite war gesperrt. In den nicht gesperrten Reihen war an einigen Plätzen ein Papierschild mit einer Nummer aufgeklebt. Schnell fand ich die Nummer 34 und nahm Platz. An den jeweils zwei Plätzen rechts und links daneben waren keine Nummern zu sehen. Diese mussten aus den bekannten Gründen frei bleiben.

Schließlich begann die Messfeier. Der Pfarrer und die Ministranten betraten den Altarraum – natürlich maskiert. Am Altar demaskierte sich der Pfarrer und legte seine Maske neben den Kelch. Während der Predigt erdreistete sich eine Frau zu niesen. Einige schauten sie mit einem ängstlichen, andere mit einem strafenden Blick an, als ob sie eine Bombe gezündet hätte.

Dann warf ich noch einen näheren Blick auf den Altar. Was stand denn da noch neben dem Kelch? Es war eine handelsübliche Plastikflasche mit einem Desinfektionsmittel! Bevor der Pfarrer zu Beginn der Opferung mit dem Kelch zur Seite schritt, um sich von den Messdienern Wein und Wasser anreichen zu lassen, das er dann in den Kelch goss, maskierte er sich und desinfizierte seine Hände. Anschließend desinfizierte er sich erneut die Hände und legte die Maske wieder neben den Kelch.

»Das ist ja unfassbar! Was hat dieses Zeug auf dem Altar verloren? Wie kann sich ein Priester mit irgendeinem chemischen Mittel die Hände einreiben, mit denen er den geweihten Kelch und später die geweihten Hostien anfasst?«, dachte ich und hätte am liebsten schreiend die Kirche verlassen.

Bevor der Pfarrer und eine Kirchendienerin die Kommunion austeilten, sagte er: »Wegen der Abstandsregeln können Sie heute die Kommunion nicht vorne am Altar empfangen. Wir werden durch die Reihen gehen und jedem, der es wünscht, eine Hostie in die Hand geben. Wenn Sie in dieser schlimmen Zeit nicht kommunizieren wollen, so ist das auch in Ordnung. Ich bin mir sicher, dass unser Herr dafür Verständnis hat.« Bevor er die erste Hostie austeilte, die er mit den Worten »Der Leib Christi« überreichte, desinfizierte er sich erneut die Hände.

»Ja, hält der Kerl den Leib Christi auch für infektiös oder ist das Desinfektionsmittel das neue Weihwasser?«, dachte ich nur.

Nach Beendigung der Messe musste jeder auf seinem Platz bleiben, bis ein Ordner ihm die Erlaubnis gab, sich von seinem Platz zu erheben und möglichst zügig die Kirche zu verlassen.

Mir wurde – nicht zuletzt ausgelöst durch die sonderbare Messfeier – mehr und mehr klar, zu welchen Absurditäten die Corona-Regeln mittlerweile geführt hatten.

Möglicherweise war es selektive Wahrnehmung, dass jetzt kaum noch ein Tag verging, an dem ich nicht irgendein absurdes Verhalten meiner Mitmenschen wahrnahm.

So fällt mir immer wieder auf, dass viele zum Öffnen einer Tür nicht wie üblich ihre Hand benutzen, sondern diese mit dem durch ein Kleidungsstück geschützten Ellbogen öffnen.

Täglich sehe ich Menschen, die während der Autofahrt eine Maske tragen, obwohl sie allein im

Auto sitzen. Auch nehme ich immer wieder Radfahrer oder Spaziergänger in einem einsamen Waldgebiet wahr, die sich maskieren. Manche tragen sogar *zusätzlich* zur Maske noch einen Plastik-Gesichtsschutz!

Was mich völlig nervt, sind die Hygienetrennwände – insbesondere die an den Kassen der Geschäfte. Man kann seine Waren kaum noch vom Laufband nehmen, um sie dann in den Einkaufswagen zu legen, ohne sich dabei die Arme zu verrenken.

Die meisten Geschäfte baten von nun an die Kunden darum, bargeldlos zu bezahlen. Wann immer ich mich nicht daran hielt, hatte ich den Eindruck, als ob die Verkäuferin mich für einen sonderbaren Kauz hielt. Das Geld, das ich ihnen reiche, fassen sie nur mit spitzen Fingern an, als hätten sie Angst, darauf befände sich ein Kontaktgift.

Trotz der vielen Einschränkungen, die auch nach dem Lockdown noch galten, atmeten die Menschen langsam auf und hatten die Hoffnung, dass die Pandemie bald überwunden sein werde. Doch die Wissenschaftler und Politiker wurden nicht müde zu betonen, dass davon keine Rede sein könne. Immer wieder wurde vor einer nächsten schweren Welle im Herbst gewarnt. Die baldige Verfügbarkeit eines Impfstoffes wurde prognostiziert und von vielen herbeigesehnt. »Dann erst kann es zu einer ›neuen Normalität‹ kommen«, hieß es.

Dass die Lage nach wie vor höchst ernst war oder – besser gesagt – als höchst ernst dargestellt wurde, konnte man an vielen Indizien ablesen. Zum ersten Mal in der Geschichte wurden eine Fußball-Europameisterschaft und Olympische Sommerspiele abgesagt und auf das nächste Jahr verschoben. In der Fußball-Bundesliga fanden alle Spiele unter Ausschluss der Öffentlichkeit – als sogenannte »Geisterspiele« – statt. Im Amateurbereich wurden nach wie vor keine Spiele angepfiffen.

Eines Tages sah ich im Fernsehen einen Bericht über eine Demonstration gegen die Corona-Maßnahmen. Etwa 5.000 Menschen nahmen daran teil. Sie skandierten gegen die Auflagen und trugen Schilder, auf denen polemische Parolen wie *»Hört auf zu lügen!«*, *»Regierung in den Knast«*, *»Schluss mit der Corona-Diktatur!«* u.ä. zu lesen waren.
Die zumeist schwarz gekleideten und zum Teil vermummten Demonstranten zeigten ein großes Aggressionspotential und lieferten sich eine üble Schlacht mit der Polizei. Es waren fürchterliche Bilder. Die Ordnungshüter hatten keine andere Wahl, als die Demonstration durch den Einsatz von Wasserwerfern aufzulösen. Es hieß, bei den Demonstranten habe es sich um Rechtsradikale, Hooligans und Verschwörungstheoretiker gehandelt. Alle Medien verurteilten den Aufmarsch aufs Schärfste. Auch ich fand diese Typen widerlich.
Als ich einige Tage später mit Matthias zusammen war, fragte ich ihn, ob er diese Fernsehberichte gesehen habe.

»Allerdings! Ich war sogar auch *live* dabei!«
»Was? Du hast an der Demo teilgenommen?«, fragte ich ungläubig.

»Richtig! Und ich kann dir aus erster Hand versichern, dass die Darstellungen in den Medien eine Frechheit sind! Sie verdrehen die Tatsachen in populistischer und manipulativer Weise.«

»Was stimmte an den Berichten denn nicht?«
»Es fängt damit an, dass es nicht nur 5.000 Demonstranten waren, sondern fast zehn Mal so viel. Mit dieser viel zu geringen Anzahl will man den Leuten weismachen, dass es nur eine kleine Minderheit sei, die mit der Corona-Politik nicht einverstanden ist. Und die ganz große Mehrheit der Teilnehmer waren ernsthaft besorgte und absolut friedliche Bürger, die größtenteils sogar Masken trugen. Auf deren Schildern standen Sprüche, die nachdenklich stimmen können wie etwa: *»Wer die Freiheit aufgibt, um Sicherheit zu gewinnen, wird am Ende beides verlieren«* oder *»Vater, vergib ihnen nicht, denn sie wissen, was sie tun!«* Natürlich waren auch einige Chaoten darunter, welche die Polizei provoziert haben. Dieses Phänomen ist ja nicht unbekannt. In jedem Fußballstadion finden sich neben der großen Masse der echten Fans ein paar Hooligans oder Neonazis ein, denen es nicht um das Spiel geht, sondern die nur Krawall und Randale wollen. Das Schlimme an den Fernsehbildern war, dass man fast nur diese Chaoten gezeigt hat, so dass beim Zuschauer der Eindruck entstehen sollte, dass nur solche Vollidioten etwas gegen die

Maßnahmen haben. Übrigens, die Polizisten waren mit ihren Wasserwerfern nicht gerade zimperlich. Auch viele der friedlichen Teilnehmer erwischte es. Und ich kann dir aus eigenem Erleben versichern, dass das nicht lustig ist.«

In mir tat sich ein Zwiespalt auf: Einerseits glaubte ich meinem Bruder, andererseits konnte ich es nicht fassen, dass es in unserem Staat einen so einseitigen und die Tatsachen verfälschenden Journalismus geben sollte.

Der zweite Lockdown

W ie nicht anders zu erwarten war, nahm das Infektionsgeschehen im Herbst drastisch zu. Inwieweit die veröffentlichten Zahlen realistisch und belastbar waren, sei einmal dahingestellt. Dass man Zahlen und Statistiken so manipulieren kann, wie es einem in den Kram passt, dürfte jedem bekannt sein.

Da schon der erste Lockdown viele Wirtschaftszweige an den Rand der Insolvenz gebracht hatte, hatten die Politiker versprochen, dass es zu keinem zweiten kommen dürfe. Dennoch sah man Anfang November keine andere Möglichkeit, als doch einen erneuten Lockdown auszurufen. Bundeskanzlerin Merkel warb um Verständnis: »Wenn wir uns alle jetzt noch einmal vier Wochen einschränken und alle Maßnahmen beachten, können wir wieder gemeinsam ein schönes Weihnachten feiern.«

Doch daraus wurde nichts. Am 13. Dezember wurden die Regeln ganz im Gegenteil noch einmal verschärft. Da natürlich die Fitnessstudios und Sportstätten wieder schließen mussten, nahm ich mir vor, dass es dieses Mal nicht wieder dazu führen dürfe, dass mir mein Rücken wegen des fehlenden Trainings erneut Probleme bereitet. Da man für die meisten Übungen keine besonderen Geräte braucht, trainiere ich seitdem an zwei bis drei Tagen in der Woche daheim.

Bei allen düsteren Aussichten strahlte allerdings
ein erster großer Hoffnungsschimmer am Horizont:
Einige Pharma-Unternehmen wie etwa AstraZeneca, BioNTech/Pfizer, Moderna, Johnson & Johnson
hatten Impfstoffe entwickelt. Endlich waren auch
in unserem Land die ersten Impfdosen verfügbar.

Da die Anzahl der Dosen noch sehr begrenzt
war, sollten zunächst nur alle alten Menschen eine
erste Impfung bekommen, weil man diese Zielgruppe als besonders gefährdet betrachtete.

Sämtliche Fernsehanstalten zeigten tagelang Bilder von alten Menschen in aller Welt, die sich eine
Impfung verabreichen ließen. Viele strahlten anschließend so glücklich, als hätte ihnen gerade jemand das ewige Leben auf Erden geschenkt. Auch
etliche namhafte Politiker gingen mit gutem Beispiel voran und ließen sich medienwirksam impfen.

Das alles machte mir Hoffnung. Denn obwohl Prof.
Bhakdi, dessen Einschätzung ich längst vertraute,
und einige andere Experten schon frühzeitig der
Impfkampagne kritisch gegenüberstanden, und obwohl ich vielem, was in den üblichen Medien verbreitet wurde, argwöhnisch begegnete, hatte ich in
diesen Tagen durchaus noch vor, mich impfen zu
lassen, sobald auch die jüngeren Menschen an der
Reihe sind. »Wenn ich mich nicht impfen lasse und
dann schwer an Covid-19 erkranke, werde ich es
bereuen! Doch dann ist es zu spät. Also, sicher ist
sicher!«, dachte ich.

In einem Gespräch mit dem Stationsarzt der Station, auf der ich arbeitete, sagte dieser: »Es ist gut, dass endlich ein Impfstoff verfügbar ist. Allerdings muss man sich im Grunde schon wundern, dass diese Impfstoffe bereits nach wenigen Monaten zumindest eine Notfallzulassung bekommen haben und somit zur Verimpfung freigegeben wurden. Üblicherweise dauert es mehrere Jahre, bis ein neuer Impfstoff hinreichend getestet wurde, so dass er bedenkenlos eingesetzt werden kann. Es ist also völlig unmöglich, dass die heute verfügbaren Seren so gründlich getestet werden konnten, dass man von einer hohen Wirksamkeit ausgehen kann. Viel schlimmer ist, dass man überhaupt keine verlässlichen Aussagen über Nebenwirkungen und drastische Spätfolgen treffen kann. Mit Nebenwirkungen meine ich nicht die recht harmlosen Impfreaktionen, die man auch von den Grippeschutzimpfungen kennt und die nach wenigen Tagen wieder verschwinden. Vielmehr meine ich mögliche schwere gesundheitliche Schäden, die vielleicht sogar erst nach Monaten oder Jahren zutage treten. Also, ich will den Teufel nicht an die Wand malen, aber eine gewisse Skepsis ist da schon angebracht. Ganz so schnell werde ich mich nicht impfen lassen.«

Auch wenn mich das etwas nachdenklich stimmte, beschloss ich, mir meinen Optimismus nicht nehmen zu lassen. »In einigen Monaten wird man wissen, wie die Impfungen wirken. Wenn man da nichts Negatives hört, werde ich mich dann auch impfen lassen«, dachte ich.

Ja, diese Lockdowns, an deren Nutzen ich längst zweifelte, schränkten das Leben aller schon gewaltig ein. Bisweilen kam man sich vor wie im offenen Strafvollzug.

Nun wurde auf Rat der Experten verordnet, dass nur noch FFP2-Masken zulässig seien, da nur diese einen wirksamen Schutz böten. Mit den Stoff- oder OP-Masken, die bis dahin als ausreichend galten, kam ich noch einigermaßen zurecht. Aber das ständige Tragen der FFP2-Masken empfinde ich bis zum heutigen Tage schon als äußerst unangenehm. Diese schränken das freie und unbeschwerte Atmen gewaltig ein. Bei Brillenträgern kommt noch hinzu, dass die Gläser dauernd beschlagen.

Mittlerweile war ich ja schon recht findig geworden, was das Aufspüren von kritischen Seiten im Internet angeht.

So fand ich schon bald etliche Beiträge, in denen vor dem Tragen dieser scheußlichen Masken gewarnt wurde. Bestärkt durch die permanente Berieselung durch die Mainstream-Medien sowie die Aussagen, Warnungen und Versprechen der Politiker glauben selbst heute immer noch viele Menschen, dass das Tragen von Schutzmasken sie vor der Ansteckung mit dem Corona-Virus schützen würde. Nur so ist zu erklären, dass sie sich nicht über diesen Zwang echauffieren und dass sich etliche sogar an Orten bzw. in Situationen maskieren, für die es keinen Maskenzwang gibt. Manche Eltern entblöden sich nicht einmal, ihren Kindern unter sechs Jahren eine Maske überzuziehen.

Heute sollte aber jeder Erwachsene in der Lage sein, sich über den Sinn und Unsinn des Maskentragens selbst zu informieren, ohne den Mantren zu folgen, die uns von offizieller Seite eingehämmert werden. Nach Meinung *zahlreicher* Experten bietet das Tragen einer Maske nahezu keinen Schutz vor einer Infektion. Auch die Weitergabe des Virus wird dadurch nur unwesentlich vermindert.

Es gibt mittlerweile *etliche seriöse* Studien, die das zeigen.

Nun sollte man nur nicht glauben, dass wenigstens diese hochgepriesenen FFP2-Masken, mit denen wir seit Herbst 2020 unsere Atmungsorgane traktieren müssen, einen Nutzen hätten.

Die Masken sind für den Arbeitsschutz gedacht und überhaupt nicht gegen Viren ausgelegt. Die Aerosolpartikel, die ein Mensch ausatmet, sind viel kleiner als etwa die Staubpartikel, vor denen die Masken einen Schutz bieten.

Selbst das zwar als verbraucherfreundlich, aber keineswegs regierungskritisch bekannte ZDF-Magazin »WISO« deckte auf, dass die von sechs verschiedenen Herstellern produzierten und auf ihren Nutzen getesteten FFP2-Masken keinerlei Schutz bringen.

Sogar die EU-Gesundheitsbehörde hat Zweifel am Nutzen der Masken. Und man höre und staune: Selbst Professor Lothar Wieler, der Chef des Robert-Koch-Institus, das nie müde wird, uns ständig mit besorgniserregenden Zahlen, Statistiken und Prognosen auf die Gefahren der Corona-Pandemie hinzuweisen, erklärte, dass die FFP2-Maskenpflicht wenig Sinn mache und ineffektiv sei.

Dass das Tragen einer Maske die Verbreitung des Virus nicht signifikant eindämmt, beweisen auch Länder wie etwa Schweden und viele US-Bundesstaaten, in denen es keine Maskenpflicht gab bzw. seit längerer Zeit nicht mehr gibt. In diesen Ländern sind die Zahlen der Infizierten und Corona-Toten nach einem kurzen Anstieg trotzdem konstant niedrig geblieben.

Das alles machte mich erstmals so richtig wütend! Als ich mit meinem Bruder darüber sprach, sagte er: »Dass die Masken nichts bringen, ist seit langem bekannt. Viel schlimmer ist, dass wir sie tragen müssen, obwohl sie darüber hinaus noch höchst gefährlich sind!«

Da Matthias bemerkte, dass ich fragend und verwundert schaute, fuhr er fort: »Studien ergaben, dass durch das Tragen der FFP2-Masken die CO_2-Grenzwerte um das Sechsfache überschritten werden. Außerdem bietet das feucht-warme Klima, das in den Masken, wenn man sie stundenlang getragen hat, herrscht, einen idealen Nährboden für allerlei Keime. So weist etwa der erfahrene Facharzt und Molekularmediziner Dr. Bodo Kuklinski darauf hin, dass insbesondere bei einem langen Maskentragen die Personen ermüden, dass die Hirnleistung sinkt, dass Konzentration, Merkfähigkeit, zeitgerechte Erfassung akustischer und optischer Signale reduziert sind. Hinzu kommen Schwindel, Schwitzen, Erschöpfung. Verletzungs- und Unfallgefahren steigen an. Es drohen Komplikationen chronischer Erkrankungen.

In einem Interview mit dem Journalisten Boris Reitschuster sprach Professor Bhakdi insbesondere über die schädlichen Auswirkungen des Maskentragens im Kindesalter. Er nahm nicht nur keine Maske, sondern auch kein Blatt vor den Mund und sprach von Kindesmisshandlung. Professor Bhakdi rief alle Lehrer dazu auf zu remonstrieren, also gegen die Dienstanweisung zur Maskenpflicht vorzugehen.

Übrigens, dieses Interview vom 15. August 2020 wurde auf YouTube veröffentlicht und hatte binnen eineinhalb Tagen 120.000 Aufrufe. Dann wurde es wie so viele andere kritische YouTube-Beiträge mit der Begründung, man dürfe Maßnahmen der WHO nicht in Frage stellen, gelöscht! Man kann heute wirklich von einer digitalen Bücherverbrennung sprechen! Daraufhin hat Herr Reitschuster eine Abschrift des gesamten Interviews in Schriftform veröffentlicht.

Im Grunde müssen wir also die Masken nicht zum Schutz, sondern zum Spott tragen. Wir könnten stattdessen genauso gut mit einer roten Pappnase herumlaufen. Das wäre ebenso wirkungslos, was den Schutz vor einer Infektion anbelangt, aber wenigstens ungefährlich.«

»Ich habe aber auch schon von Studien gehört, welche belegen, dass das Tragen der Masken unbedenklich ist.«

»Ja natürlich! Es gibt Dutzende von Studien. Insbesondere zu allen Studien, die zu dem Ergebnis kommen, dass die Corona-Maßnahmen wie zum Beispiel das Maskentragen kontraproduktiv oder sogar gefährlich sind, gibt es Gegenstudien. Da muss man als mündiger Bürger sehr kritisch sein. Man muss prüfen, wer die Studie erstellt hat, wer sie in Auftrag gegeben hat und welchen Vorteil diese Leute davon haben. Es gibt ja heute insbesondere auf dem medizinischen bzw. pharmazeutischen Sektor kaum noch eine unabhängige, ergebnisoffene Forschung. Fast alle Forschungsinstitute – selbst die an den Universitäten – werden von der Politik, von Großkonzernen oder sogar von Privatpersonen aus der Riege der Superreichen finanziert oder zumindest gesponsert. Die Forscher wissen, was die Auftraggeber als Ergebnis erwarten.

Wenn diejenigen, welche uns zum Beispiel das Tragen von Masken aufgezwungen haben, zu einer Studie, die zeigt, dass das Tragen dieser Dinger gefährlich ist, eine Gegenstudie in Auftrag geben, so ist das Ergebnis nicht viel wert, denn das, was die Auftraggeber als Ergebnis wünschen, wird im Grunde zumindest indirekt schon vorgegeben.«

»Also, wenn das Tragen der Masken wirklich gefährlich ist, wie es unabhängige Studien ergeben haben, so müsste das den Verantwortlichen doch auch bekannt sein! Warum wird dieser unsinnige und mehr als absurde Maskenball nicht endlich beendet? Es kann doch nicht im Sinne der Regierung sein, die Gesundheit ihrer Bürger aufs Spiel zu setzen!«, warf ich ein.

»Natürlich kennen sie die Studien. Ob sie diese ernst nehmen, weiß ich nicht. Wahrscheinlich nehmen sie diese nicht ernst und setzen auf die von ihnen selbst in Auftrag gegebenen Studien, an die sie sich so krampfhaft klammern, dass sie diesen irgendwann Glauben schenken.

Man kann sich allerdings eines Verdachts nicht erwehren: Durch die Maskenpflicht sehen wir zwangsläufig Tag für Tag zahlreiche Menschen mit diesem Fetzen vor dem Mund. Dadurch wird das Thema ›das tödliche Corona-Virus‹ stets in unserem Bewusstsein wachgehalten und das Angstlevel wird hochgehalten. Wenn wir keinen Maskierten mehr begegnen würden, könnten wir ja fälschlicherweise glauben, alles sei gar nicht so schlimm und der Karneval sei vorbei...

Außerdem verdienen einige Politiker ganz gut daran, wie die Maskenskandale gezeigt haben!«

»Ich sehe noch ein ganz anderes Problem: Was geschieht mit den vielen Milliarden Masken in aller Welt?«, warf ich ein.

»Ja, was wohl?! Die Masken, die man als giftigen Sondermüll bezeichnen muss, sowie viele weitere Wegwerf-Produkte, die durch den Coronawahnsinn in Unmengen benutzt werden – wie etwa Test-Sets, Schutzkleidung u.v.m. – erhöhen den ohnehin schon bedenklich hohen Plastikmüll, von dem ein großer Teil letztlich in den Ozeanen landen wird, um viele Millionen Tonnen. Wir haben es also nicht so sehr mit einer Corona-, sondern vielmehr mit einer regelrechten Plastik-Pandemie zu tun«, gab mein Bruder zur Antwort.

Bei einem gemeinsamen Spaziergang im Januar mit meinem Bruder und seiner Frau meinte Linda: »Sollte sich eure Mutter nicht auch baldmöglich impfen lassen? Schließlich ist sie schon über achtzig. Meine Eltern sind schon geimpft, obwohl sie erst gerade die siebzig überschritten haben.«

Ich fand den Vorschlag gut. Matthias aber meinte: »Ich glaube, da tun wir Mutter keinen Gefallen mit. Aber lassen wir sie doch selbst entscheiden! Schließlich ist sie ja geistig noch sehr fit und kann über ihr Leben selbst befinden.«

Ich stimmte zu. Linda war nicht so begeistert. In der Tat ist unsere Mutter zwar körperlich ziemlich eingeschränkt, aber im Kopf ist sie klarer als so mancher junger Mensch. Auch ist sie über das Zeitgeschehen gut informiert. Überhaupt ist sie eine sehr gebildete und kluge Frau.

Am folgenden Sonntag suchten Matthias und ich unsere Mutter im Seniorenheim auf. Freilich mussten wir uns im Heim testen lassen und die Masken tragen, die wir im Zimmer natürlich abnahmen.

Wie immer freute sie sich sehr, ihre Söhne zu sehen.

»Mutter, du weißt, dass es für ältere Menschen wichtig ist, sich jetzt gegen Corona impfen zu lassen«, sagte ich. Noch bevor ich ganz ausgeredet hatte, fiel sie mir ins Wort: »Hör mir bloß auf! Hier im Heim versucht man mich auch schon seit Tagen zu bewegen, mich impfen zu lassen. Aber ich bin strikt dagegen! Sollte ich mich wirklich infizieren und womöglich sogar daran sterben, dann ist es halt so. An irgendetwas muss ich ja mal sterben. ›Mit des Geschickes Mächten ist kein ew'ger Bund zu flechten‹ sagte schon Schiller. Und außerdem habe ich den Eindruck, dass die Gefahr von Covid-19 übertrieben dargestellt wird.«

Matthias sagte: »Das ist eine gute Entscheidung, Mutter!«. Ich war zu diesem Zeitpunkt schon längst von einem großen Befürworter der Corona-Maßnahmen zu einem Kritiker derselben geworden. Allerdings hielt ich damals eine Impfung noch für eine gute Idee. So versuchte ich vorsichtig, unsere Mutter umzustimmen. Meine diesbezüglichen Bemühungen scheiterten aber krachend.

Anfang Februar besuchte ich meinen Bruder. Schon bald kamen wir wieder auf das große Thema »Corona« zu sprechen. Sofort verließ Linda den Raum.

Matthias sagte: »Nun liegen die Zahlen ja auf dem Tisch! Heute kann sich jeder informieren, wie viele Menschen im letzten Jahr *wirklich* an Corona gestorben sind. Also, im Jahre 2020 sind in Deutschland etwa 30.000 Menschen ›an‹ oder ›in Verbindung mit‹ Corona gestorben. In einigen Quellen geht man sogar von einer deutlich geringeren Zahl aus. Auf den ersten Blick hört sich diese Zahl gewaltig an. Wenn man aber weiß, dass in der schweren Grippewelle 2017/18 in unserem Land rund 25.000 Menschen gestorben sind, relativiert sich diese bereits deutlich. Hat in jenem Jahr irgendjemand Panik geschürt? Hat man über diese Todesfälle permament berichtet? Hat man in jenem Jahr täglich auf allen Kanälen die Zahl der Infizierten gehört?! Hat man damals Maßnahmen ergriffen, um die Ausbreitung zu verhindern?!

Nun kommt noch hinzu, dass ein großer Prozentsatz der angeblichen Corona-Toten nicht *ursächlich* an dem Virus gestorben ist. In die Zahl der Corona-Toten sind auch alle eingerechnet worden, die zwar mit dem Virus infiziert waren, also mindestens einmal positiv getestet wurden, aber wegen einer anderen Ursache, die auch ohne die Infektion zum Tod geführt hätte, gestorben sind. Etliche – höchstwahrscheinlich die weitaus meisten – sind also nicht *an* sondern *mit* Corona gestorben. Aber auch diese Toten wurden als Corona-Tote verbucht.

Alle diese zum Teil absurden oder zumindest kontraproduktiven Maßnahmen, die von den Regierungen der meisten Staaten getroffen wurden, wurden ja damit begründet, dass man die Zahl der Todesopfer so gering wie möglich halten wollte.

›Jeder Corona-Tote ist ein Toter zu viel!‹ konnte man aus den Mündern vieler Politiker immer wieder hören. Ein solcher Slogan kommt natürlich gut an!

Diese Parole klingt selbstverständlich sehr positiv, mitfühlend und äußerst menschenfreundlich. Wer möchte nicht alles daran setzen, um zu verhindern, dass jemand an Corona verstirbt! *Eine* Maßnahme, um dieses Ziel zu erreichen, war der Lockdown im Frühjahr 2020 und der aktuelle. Vermutlich haben diese Lockdowns tatsächlich dazu geführt, dass die Zahl der an oder in Verbindung mit Corona Verstorbenen relativ gering gehalten werden konnte – allerdings nur in den reichen Industrienationen! Die Zahl der dort an oder mit Corona Gestorbenen wird von der Johns Hopkins Universität mit 1,8 Millionen beziffert. Das sind nicht einmal 0,03 Prozent der Weltbevölkerung. Diese ist 2020 sogar um 80 Millionen angestiegen. Also, ›Ausrottung der Menschheit‹ geht anders! Ganz anders schaute das in den armen Ländern aus. Hier sind deutlich mehr Menschen – nicht *an* Corona, sondern als *Folge der Lockdowns* in den Industriestaaten gestorben. Viele von ihnen sind gestorben, weil durch die Lockdowns die Transportwege, über die normalerweise regelmäßig Medikamente und Hilfsgüter geliefert werden, abgeschnitten wurden. Andere sind verhungert, weil die Aufträge an die Fabriken, in denen sie arbeiteten, ausblieben und sie somit keinen Lohn bekamen.«

Da ich diese Zahlen auch schon selbst recherchiert
hatte, musste ich meinem Bruder recht geben.

Als ich an einem Morgen im März heftige Ohren-
schmerzen hatte, rief ich in der Praxis meines
HNO-Arztes an, um mir einen Termin geben zu
lassen. Die Arzthelferin, die meinen Anruf entge-
gennahm, fragte mich, welche Beschwerden ich
habe. Nachdem ich ihr die Frage beantwortet hatte,
fragte sie: »Haben Sie auch Halsschmerzen oder
gar Fieber?« Ich veneinte. »Sind Sie sicher, dass
Sie nicht mit Corona infiziert sind?«, wollte sie
wissen. »Ich denke nicht«, gab ich zur Antwort.
»Gut, aber Sie müssen sich vorher testen lassen.
Bringen Sie bitte das PCR-Testergebnis, das nicht
älter als 48 Stunden sein darf, in die Praxis mit.«
    Diesen Zirkus machte ich nicht mit. So rief ich
bei einem anderen HNO-Arzt an, den ich bis dahin
noch nie konsultiert hatte. Bei der telefonischen
Anmeldung gab mir die Dame gleich einen Termin
und sagte nur: »Sie dürfen keine Begleitperson mit-
bringen und Sie müssen eine FFP2-Maske tragen.
Aber das wird Ihnen ja bekannt sein!«

Drei Tage später nahm ich den Termin wahr. Nach
der Anmeldung betrat ich das Wartezimmer. In diesem großen Raum saßen in gebührendem Abstand
voneinander nur vier Personen. Das Fenster war
weit geöffnet. Mir fiel sofort auf, dass eine Dame,
die vielleicht ein paar Jährchen jünger war als ich,

unmaskiert war. Daraufhin nahm ich meine Maske auch ab, lächelte sie an und setzte mich neben sie. Die drei anderen Patienten warfen uns strafende Blicke zu, sagten aber nichts. Vielleicht haben sie uns aber auch zugelächelt. Das ist ja bei Maskierten nicht immer ganz so leicht zu erkennen...

Ich kam gleich mit der Dame ins Gespräch. »Sind Sie es auch leid, den Wahnsinn mit den Masken mitzumachen?«, fragte ich. »Ja, allerdings! Abgesehen davon, dass die Dinger nichts nützen, sind sie sogar noch schädlich. Aber das wissen Sie ja wohl.« Ich nickte und sagte: »Ja, mir ist mittlerweile auch so einiges klar geworden. Die Maske trage ich nur, um kein Bußgeld zahlen zu müssen.«

Leider wurde meine Gesprächpartnerin unmittelbar nach diesen paar Sätzen aufgerufen. Da sie mir sehr sympathisch war und da ich den Eindruck hatte, dass das auf Gegenseitigkeit beruhte, nahm ich meinen ganzen Mut zusammen und fragte: »Hätten Sie vielleicht Lust, dass wir uns heute Abend treffen?« »Sehr gerne! Man findet ja heute kaum noch Mitmenschen, mit denen man sich unbefangen treffen und unterhalten kann. Die meisten gehen einem ja aus dem Weg.«

Ich schlug vor, dass wir uns um 19 Uhr in einem Weinlokal, das ganz in der Nähe der Praxis liegt, treffen könnten. Sie schaute etwas irritiert und sagte dann lächelnd: »Haben Sie schon vergessen, dass wir in einem Lockdown leben?! Aber Sie können heute Abend gern zu mir kommen. Ich wohne nicht weit von hier in der Buchenstraße Nr.

17. Ein Fläschchen Wein werde ich gewiss finden.«

Dann stellten wir uns noch kurz gegenseitig vor. Die Dame heißt Hannah Althoff. Als sie sich von mir per Handschlag verabschiedete, war ich wie vom Donner gerührt. Es war das erste Mal seit Monaten, dass mir eine fremde Person die Hand reichte. Das, was früher eine Selbstverständlichkeit war, war längst zu etwas Besonderem geworden. Während sie mir beim Händeschütteln gegenüber stand, nahm ich auf ihrem T-Shirt eine herzerfrischende Aufschrift wahr. In großen Lettern war dort zu lesen: »Umarmbar«. Ich hatte schon des Öfteren Menschen mit T-Shirts oder Pullovern gesehen, auf denen eher das Gegenteil wie etwa »Bitte Abstand halten« zu lesen war. Aber eine solche Mut machende Botschaft hatte ich noch nirgends entdeckt. Sogleich folgte ich der freundlichen Aufforderung und nahm die Dame in den Arm, was sie mit einem Lächeln quittierte. Die anderen Patienten schauten entsetzt.

Voller Vorfreude machte ich mich am Abend pünktlich auf den Weg zu Frau Althoff. Sie hatte mich schon erwartet und begrüßte mich sehr herzlich, fast wie wenn wir alte Freunde wären. Ja, es schweißt wohl zusammen, wenn man in diesen Tagen die gleiche Meinung vertritt. Schon nach wenigen Minuten waren wir per Du.

Zunächst plauderten wir etwa eine knappe Stunde ein wenig aus unserem Leben, um uns näher kennenzulenen. So erfuhr ich, dass Hannah als IT-Projektmanagerin bei einem großen Softwareunternehmen tätig ist. Seit Monaten arbeitete sie im Home-Office, was ihr allerdings sehr entgegen kam. Dazu sagte sie: »Ich genieße das Arbeiten von daheim, zumal ich mir jeden Tag über zwei Stunden Fahrtzeit erspare. Es gibt jedoch auch einige Kollegen, die darunter sehr leiden, die ein großes Problem mit dem Home-Office haben. Manche können sich in ihren beengten vier Wänden keinen angemessenen Arbeitsplatz einrichten. Andere können nicht in Ruhe arbeiten, weil sie immer wieder von ihren Kindern gestört werden. Viele vermissen den sozialen Kontakt mit ihren Kollegen und die geliebten Kaffeeküchen-Gespräche. Ich muss gestehen, dass mir das vor gut einem Jahr auch noch gefehlt hätte. Aber mittlerweile geht es in diesen Pausengesprächen im Grunde nur noch um Corona. Und die weitaus meisten meiner Kollegen sind auf der Linie des unsichtbaren Papstes, der öffentlichen Meinung, und halten die ganzen Corona-Maßnahmen für alternativlos. Anfangs habe ich noch versucht, ihnen meine Sicht zu schildern. Aber das war aussichtslos.«

Nun waren wir wie zwangsläufig bei dem leidigen Thema »Corona« angekommen.

»Auch wenn ich das Virus nicht verharmlosen möchte, muss ich doch sagen, dass die Lockdowns und alles, was damit zusammenhängt, ganz fürchterlich sind. Des Weiteren halte ich die Corona-Maßnahmen für völlig überzogen und geradezu unmenschlich«, begann ich.

»Das mit den Maßnahmen sehe ich genauso. Manchmal habe ich das Gefühl im falschen Film zu sein. Für die möglicherweise menschenfeindlichste Regel, die seit Anfang der Pandemie gilt, halte ich das sogenannte ›Social Distancing‹. Das Motto ›Abstand ist der neue Anstand‹ finde ich widerwärtig. Jeder Mensch braucht doch Zuwendung und körperliche Nähe. Es ist doch wohl mehr als nur ein schöner Brauch, Mitmenschen per Handschlag zu begrüßen oder Freunde zu umarmen. Wenn man sich heute erdreistet, das zu tun, muss man mit den schlimmsten Reaktionen rechnen. Jeder sieht in dem anderen einen Gefährder, der ihn mit dem vermeintlich todbringenden Virus infizieren könnte.

Wie schlimm muss das erst für Kinder sein! Die dürfen ihre Schulfreunde nicht mehr treffen. Sie dürfen nicht auf den Spielplatz und nicht zum Sport gehen. Viele wachsen in dem Bewusstsein auf, dass jeder andere Mensch für sie gefährlich sein könnte. Die müssen doch zwangsläufig früher oder später gewaltige psychische Schäden bekommen. Außerdem kann man sich vorstellen, welche Gesellschaft wir einmal haben werden, deren Träger sie dann sein werden«, meinte sie.

»Ja, das ist wirklich sehr schlimm! Ich sehe es ja an meinen beiden Neffen, wie sehr sie unter den Kontaktbeschränkungen leiden«, bekräftigte ich, um dann fortzufahren, »Kinder und Jugendliche sind aber nicht die einzigen Opfer dieser Maßnahmen. Sehr bedrückend ist die Situation auch für alte

Menschen, die allein oder in einem Heim leben. Sie dürfen ja kaum noch oder nur unter gewissen Auflagen Besuch empfangen. Die vereinsamen durch diese Isolierung in fürchterlicher Weise. Ich sehe es bei meiner Mutter, die in einem Seniorenheim lebt. Sie leidet sehr darunter, dass sie jetzt viel weniger Besuch bekommen kann als früher.«

Dann meinte Hannah noch: »Meines Erachtens ist die Regierung von Anfang an völlig falsch vorgegangen. Auch wenn wenig Zeit für die Entwicklung einer vernünftigen Strategie vorhanden gewesen sein mag, hätte man Gremien bilden müssen, in denen Fachleute aus *allen* Bereichen zusammenkommen, um Risiken und Chancen, das Pro und Contra einzelner Maßnahmen sowie deren Auswirkungen auf jeden einzelnen Menschen sowie die gesamte Gesellschaft zu betrachten und zu bewerten. Das, was man letztlich gemacht hat, ist genau das Gegenteil: Man hat ein paar wenige Experten *einer* Fachrichtung, über deren Kompetenz man geteilter Meinung sein kann, legitimiert, die Vorgaben und Maßnahmen ohne Rücksicht auf Verluste zu bestimmen.«

In der Folgezeit trafen Hannah und ich uns sehr häufig. Aus der Freundschaft wurde recht bald eine innige Liebesbeziehung. Diese tolle Verbindung mit ihr ist das einzig ›Positive‹, was ich Corona zu verdanken habe! Ohne den Masken-Schwachsinn wären wir gewiss im Wartezimmer nicht ins Gespräch gekommen.

Auch Hannah ging früher gern regelmäßig ins Fitnessstudio. Nun hatte sie aufgrund der Corona-Auflagen ihren Vertrag gekündigt, was ich kurze Zeit später auch machte. Seitdem machen wir an mindestens zwei Tagen in der Woche gemeinsam Gymnastik, mal in ihrer, mal in meiner Wohnung.

Meine wunderbare Beziehung zu Hannah half mir, diesen fürchterlichen Lockdown deutlich besser zu ertragen als den ersten.

Die große Impfkampagne

Endlich wurde Ende Mai 2021 der zweite Lockdown aufgehoben. Auch wenn die üblichen Corona-Maßnahmen, die ich schon längst verurteilte, weiterhin Bestand hatten, konnten alle wieder ein wenig durchatmen.

Nach dem Motto »Brot und Spiele« der römischen Cäsaren gaben die Herrscher dieser Welt den Menschen als Entschädigung für alles, was sie in den Lockdowns zu ertragen hatten, die Fußball-Europameisterschaft und die Olympischen Spiele, die eigentlich im Jahr zuvor stattgefunden hätten. In den Fußballstadien wurde bald zumindest wieder eine begrenzte Anzahl Zuschauer zugelassen.

So gelang es vielen, von den Entbehrungen und Problemen der letzten Monate abzuschalten und die Füße still zu halten.

Zwei Tage, nachdem der zweite Lockdown endlich aufgehoben wurde, wollte ich mit Hannah in mein kleines Lieblingscafé gehen. Zu meiner großen Enttäuschung war es jedoch geschlossen. An der Eingangstür hing ein Zettel, auf dem zu lesen war: »Wegen Geschäftsaufgabe geschlossen! Wir danken allen Kunden für ihre Treue.«

In der Folgezeit nahm ich in der Innenstadt einige weitere kleinere Geschäfte und Restaurants wahr, die ihren Betrieb wegen des ausgebliebenen

Umsatzes während der Lockdowns schließen mussten. Dieses Schicksal teilten Tausende. Trotz finanzieller Wirtschaftshilfen, die meistens viel zu gering ausfielen und oft viel zu spät ausgezahlt wurden, mussten etliche kleine und mittelständische Betriebe Mitarbeiter entlassen oder in Kurzarbeit schicken. Zehntausende Unternehmen stehen kurz vor der Insolvenz oder sind sogar schon pleite.

Viele Menschen, die sich – womöglich erst vor kurzer Zeit – einen lang gehegten Traum erfüllt hatten, indem sie etwa ein Café, ein Restaurant, ein Hotel oder ein Fachgeschäft eröffnet hatten, sahen schon bald, wie ihr großer Traum, in den sie viel Geld, Engagement und Herzblut investiert hatten, wie eine Seifenblase zerplatzte. Etliche stehen jetzt mit leeren Händen da und wissen nicht, wie sie ihre Kredite bedienen sollen.

Wie man heute weiß, sind die wirtschaftlichen Schäden insgesamt immens. In jeder Lockdown-Woche gehen der Wirtschaft gut 2 Milliarden Euro verloren! Dass letztlich wir Bürger die Rechnung bezahlen müssen, dürfte klar sein. Schon jetzt ist die Inflationsrate so hoch wie schon seit Jahrzehnten nicht mehr. Nur die Global Players der Szene wie etwa Amazon, Google, Apple und Microsoft – um nur einige zu nennen – machten keine Verluste. Ihr Umsatz hat sich ganz im Gegenteil gewaltig erhöht, wodurch ihr Einfluss in der Welt immer größer wird.

Wenn man eine erste Bilanz der Lockdowns ziehen will, so kann man sagen, dass die Zahl der Infizierten deutlich zurückgegangen ist, wodurch vermutlich zumindest in den Industriestaaten auch einige Todesfälle verhindert werden konnten.

Ansonsten fällt die Bilanz verheerend aus: Nicht nur viele Firmen mussten Konkurs anmelden, auch wurde dadurch die Schere zwischen Arm und Reich nochmals größer.

Etliche, insbesondere ältere Menschen, sind durch die monatelange Isolation von der Außenwelt so vereinsamt gewesen, dass sie in tiefe Verzweiflung und Depression verfielen.

Kinder, die monatelang nicht zur Schule gehen und ihre Freunde nicht treffen durften, werden durch die mangelnden sozialen Kontakte schwere psychische Störungen bekommen. Dadurch dass sie auch keinen Gemeinschaftssport treiben durften, werden sich bei vielen große gesundheitliche Schäden einstellen. Manche Kleinkinder haben ihre Großeltern noch nie lachen sehen, weil sie dauernd eine Maske tragen müssen.

Heute weiß man, dass insbesondere der Frühjahrs-Lockdown zu einer sehr hohen Zahl an Todesopfern geführt hat. Diese Menschen fielen nicht dem Virus zum Opfer, sondern dem Lockdown! Für diese wurde nicht das Virus, sondern der Lockdown zum Killer! Darüber wird in den Medien nicht berichtet! Diese Zahlen werden totgeschwiegen.

Vielleicht fragen Sie sich, woran diese Mitbürger letztlich gestorben sind. Nun, diese Menschen, die aus unterschiedlichen Gründen dringend medizinischer Hilfe bedurft hätten, starben daran, dass sie eine solche nicht in Anspruch nahmen. Sie gingen nicht zum Arzt, oder in eine Notaufnahme, weil sie Angst hatten, sich im Krankenhaus erst recht zu infizieren – sei es mit dem Corona-Virus, Krankenhauskeimen oder anderen Viren – und weil sie aufgrund der drastischen Besuchseinschränkungen die Einsamkeit fürchteten.

Zahlreiche Bürger haben seit Beginn der Corona-Krise – nicht nur, aber insbesondere während der Lockdowns – aus den geschilderten Gründen keine der wichtigen Vorsorgeuntersuchungen, zum Beispiel zur Früherkennung von Krebs, durchführen lassen. Man kann davon ausgehen, dass durch diese Versäumnisse die Zahl der Menschen, die wegen der Corona-Maßnahmen sterben, in naher Zukunft noch deutlich steigen wird.

Sowohl die Suizidrate als auch die Fälle der häuslichen Gewalt und des Missbrauchs waren vielerorts hoch wie nie zuvor – von der Dunkelziffer ganz zu schweigen.

Besonders schlimm finde ich, dass das Thema »Corona« unsere Gesellschaft so sehr gespalten hat. Man findet kaum noch Mitmenschen, mit denen man über alles, was damit zusammenhängt, sachlich diskutieren kann. Es scheint nur zwei Gruppen zu geben, die sich unversöhnlich gegenüberstehen: Auf der einen Seite sind es diejenigen, welche den Mantren des Mainstreams blind vertrauen. Für sie sind alle anderen »Spinner«, »Corona-Leugner« oder »Rechtsradikale«. Bestärkt in ihren Ansichten werden sie von den Medien, die die Corona-Kritiker in übelster Weise diffamieren. Auf der anderen Seite sind es jene, welche eher den ungehörten Experten Glauben schenken. Viele von ihnen bezeichnen die der anderen Gruppe als »Schafe« oder »unkritische Mitläufer«. Diese Gräben machen auch vor Freundschaften und Familien nicht halt. Viele dieser Gräben werden wohl nie wieder zugeschüttet werden können.

Längst war ich, der anfangs noch ein Befürworter der Corona-Maßnahmen war und dann zu ihrem Kritiker wurde, zu einem Gegner dieser Maßnahmen geworden. Zum ersten Mal in meinem Leben war ich in einer für unsere Gesellschaft so wichtigen Frage auf der Seite einer Minderheit. Nun konnte ich mich erstmals ein wenig in die Lage anderer Minderheiten wie beispielsweise die der vielen Flüchtlinge hineinversetzen.

Im Juni 2021 ging ich zu meinem Hausarzt, um mich wieder einmal komplett durchchecken zu lassen, wie ich das etwa alle drei Jahre zu tun pflege. Den Arzt, Dr. Hans Lauer, kenne ich schon seit vielen Jahren. Er ist ein enger Schulfreund meines Bruders. Matthias und Hans haben zusammen Abitur gemacht. Auch ich bin mit ihm schon seit unserer Kindheit befreundet. Hans gehört noch zu der fast schon ausgestorbenen Spezies der guten alten Hausärzte, die sich viel Zeit für ihre Patienten nehmen und mehr an dem Wohl derselben als am eigenen Kontostand interessiert sind.

Zunächst wurde mir Blut abgenommen, dann wurden ein EKG und ein Lungenfunktionstest gemacht. Anschließend untersuchte mich Hans sehr gründlich. Drei Tage später, nachdem die Blutwerte da waren, hatte ich noch einen Besprechungstermin bei ihm. Hans meinte: »Es ist alles in bester Ordnung. Deine Blutwerte sind nur vom Feinsten.«

Obwohl ich mir nach wie vor sicher war, mich demnächst impfen zu lassen, wollte ich Hans Meinung hören. »Wie stehst du eigentlich zu der Corona-Impfung? Würdest du mir raten, mich impfen zu lassen?«, fragte ich mehr rhetorisch.

»Also, ich bin zwar kein Virologe, habe aber dennoch eine klare Meinung zu dem Thema. Wie viele Experten, deren Stimme heute keiner hören will, bin ich der festen Überzeugung, dass das Immunsystem der weitaus meisten Menschen stark genug ist, um mit dem Corona-Virus fertig zu werden. Du, lieber Werner, bist noch jung und so kerngesund, dass du höchstwahrscheinlich nicht einmal bemerken wirst, falls du dich infizieren solltest. Aber es ist natürlich deine Entscheidung. Wenn du unbedingt meine Einschätzung hören möchtest, so rate ich dir von einer Impfung ab. Die Impfstoffe sind noch nicht hinreichend getestet, so dass keiner seriös beurteilen kann, ob und wie sie wirken.«

Hans Einschätzung verwunderte mich ein wenig. Erstmals kamen mir Bedenken, ob es notwendig wäre, mich impfen zu lassen.

Nun nahm die Impfkampagne immer mehr Fahrt auf. Schon bald waren genügend Impfdosen verfügbar, so dass sich jeder Deutsche impfen lassen konnte.

Zunächst waren die Impfungen nur für Erwachsene zugelassen. Erst etwas später wurde auch Kindern und Jugendlichen ab zwölf Jahren eine Impfung empfohlen. In den ersten Wochen bedurfte es keiner großen Werbekampagne seitens der Regierung oder der Experten. Viele Millionen Bürger ließen sich in der Überzeugung, durch eine Impfung nicht schwer an Covid-19 zu erkranken oder gar zu sterben, den viel zitierten ›kleinen Pieks‹ verpassen. Zu sehr waren sie noch in der Angstblase, die in den Monaten zuvor gezielt aufgebaut und geschürt wurde. Nach wie vor wurde an die Angst der Bürger appelliert. Auch hatten viele noch die Bilder mit den Leichenbergen aus Bergamo im Unterbewusstsein, so dass sie es gar nicht erwarten konnten, das Serum injiziert zu bekommen, das ihnen vermeintlich ihre Gesundheit erhalten würde. In manchen Arztpraxen konnte man dem Ansturm kaum noch Herr werden.

Nachdem ich lange darüber nachgedacht hatte, stand meine Entscheidung jetzt fest: Da ich Hans Expertise vertraute, dass ich selbst im Falle einer Infektion nicht mit einem schweren Verlauf von

Covid-19 rechnen müsse, entschied ich mich gegen eine Impfung. »Zum Selbstschutz brauche ich das Zeug ja wohl nicht«, dachte ich. Matthias und Hannah bestärkten mich in meinem Entschluss.

Die Anzahl der Deutschen, die sich impfen ließen, war nach Meinung der Regierung, der von ihnen bestellten Experten und der Mainstream-Medien immer noch viel zu gering.

Das neue Narrativ lautete, es sei unsolidarisch, sich nicht impfen zu lassen, weil man dadurch andere, die nicht geimpft werden dürfen, gefährden würde. Nachdem seit über einem Jahr der unsichtbare Papst der öffentlichen Meinung uns permanent zu manipulieren versuchte, meldete sich jetzt auch der sichtbare Papst zu Wort. »Impfen ist ein Akt der Liebe!«, ließ das Oberhaupt der römisch-katholischen Kirche verlautbaren.

Die Werbung, sich impfen zu lassen, wurde nochmals verschärft. Im Grunde ist es keine Werbung, sondern *Propaganda*. Wenn man das, was man erreichen will, nur oft und eindringlich genug sagt und über sämtliche Kanäle verbreitet, muss man von Propaganda sprechen. Irgendwann werden es die meisten Menschen für die Wahrheit halten. Seit dem Dritten Reich ist der Begriff »Propaganda« verbrannt. Heute spricht man eher von »Framing«.

Eine unglaubliche Propagandawelle rollte durchs Land. Bis zum heutigen Tag reden die Politiker, einige Experten und Medienvertreter den Ungeimpften permanent ein schlechtes Gewissen ein. Man steckt sie verbal in sämtliche Schubladen, denen Etiketten mit Begriffen anhaften, die jeder als inakzeptabel oder wenigsten suspekt bewertet. Man bezeichnet sie als Verschwörungstheoretiker, Solidaritätsverweigerer, Rechtsextremisten, Antisemiten, Esoteriker oder gar als Covidioten. Etliche Prominente, die man aus dem Fernsehen kennt, sowie einige Sportgrößen spannen sich – vermutlich sogar freiwillig und aus Überzeugung – vor deren Karren und rufen die Menschen auf, sich endlich impfen zu lassen. Überall sieht man Plakate mit Aufschriften wie »Auf geht's: Ärmel hochkrempeln und impfen lassen!«, »Schlag' dem Tod ein Schnippchen – Lass dich impfen!« oder »Eine Impfung schützt dich und deinen Nächsten!«.

Ich finde diese Kampagne ziemlich aufdringlich. Für besonders schlimm halte ich es, dass sich viele Bürger dadurch mitreißen lassen und ihre ungeimpften Mitmenschen mit den gleichen Begriffen diffamieren. Dennoch muss ich zugeben, dass mich diese Propaganda *anfangs* nicht unberührt ließ. »Das wäre ja schlimm, wenn ich mich infizieren würde und das Virus beispielsweise auf meine Mutter oder andere Mitmenschen übertragen würde«, dachte ich.

Eines Abends suchte ich meinen Bruder auf, um mit ihm über dieses Thema zu sprechen.

»Müssen wir nicht ein schlechtes Gewissen haben, wenn wir uns nicht impfen lassen und dann womöglich das Virus auf andere übertragen?«, fragte ich.

»Das siehst du ganz richtig, Werner! Nicht zuletzt deshalb bin ich schon vollständig, also zweimal geimpft«, meinte Linda.

Matthias zog die Augenbrauen hoch und meinte fast schon ein wenig genervt: »Ihr seid mir zwei Ahnungslose! Lass du dich nicht auch noch von dem Solidaritätsgeschwafel verblenden, Werner!« Als er merkte, dass ich nicht verstand, was er damit meinte, fuhr er fort: »Die reden von ›Solidarität‹, meinen aber ›Kadavergehorsam‹ und nichts anderes! Jahrzehntelang haben die Politiker den *mündigen* Bürger gefordert. Jetzt bevorzugen sie eindeutig den *hörigen*.«

»Ich kann dir nicht ganz folgen, Matthias!«, sagte ich achselzuckend.

»Ja glaubst du etwa, dass dich eine Impfung davor schützt, mit dem Virus infiziert zu werden?«

»Nein, das nicht! Aber dadurch wird mir zum einen ein schwerer Krankheitsverlauf erspart, der bei mir laut Hans aber unwahrscheinlich ist, und zum anderen kann ich das Virus nicht auf andere Menschen übertragen«, sagte ich wissend.

»Also, das erste mag stimmen. Sicher ist es allerdings auch nicht. Aber dass ein Geimpfter, der mit dem Corona-Virus infiziert ist, dieses nicht auf andere übertragen kann, ist eine dreiste Lüge, die uns die Profiteure der Impfkampagne auftischen. Du musst nur im Internet oder in bestimmten Fachmagazinen schauen, in denen alle unabhängigen

Experten das bestätigen. Selten war das Sprichwort ›Bevor die Wahrheit sich die Schuhe geschnürt hat, ist die Lüge schon dreimal um die Welt gelaufen‹ so aktuell wie in unseren Tagen.«

Linda meinte: »Jetzt komme mir nicht schon wieder mit deinen Experten. Dein Professor Bhakdi ist ein Antisemit. So einem kann man doch nicht über den Weg trauen!«

Matthias blieb ruhig und sagte: »Ob er ein Antisemit ist, weiß ich nicht. Richtig ist, dass er einige antisemitische Äußerungen gemacht hat. Das kann man gewiss verwerflich finden. Das Perfide an der Sache aber ist, dass seine Kritiker das zum Anlass nehmen, ihm seine wissenschaftliche Kompetenz und Glaubwürdigkeit abzusprechen. Wenn beispielsweise ein Chemiker seine Frau verprügelt, so ist das schlimm, sehr schlimm sogar! Aber kann er deshalb nicht trotzdem ein ausgezeichneter Chemiker sein?! Das eine hat doch mit dem anderen nichts zu tun. Wenn man Professor Bhakdis wissenschaftliche Expertise wegen seiner antisemitischen Aussagen diskreditiert, so ist das nichts anderes als übelster Populismus! Außerdem ist Herr Bhakdi weiß Gott nicht der einzige Experte, der sagt, dass die Virenlast bei Geimpften ähnlich hoch ist wie bei Ungeimpften.«

Linda verließ mit einem Fluch, den ich akustisch nicht verstanden hatte, den Raum.

Ich bestätigte die Meinung meines Bruders, was die Diffamierung von Professor Bhakdi anbelangt: »Wenn man nur lange genug sucht, wird man bei jeder Persönlichkeit, die in der Öffentlichkeit steht, etwas finden, was man verwerflich finden oder zumindest kritisieren kann. Dass man dieser aber deshalb ihre fachliche Kompetenz abspricht, ist absurd!«

Eine Zeit lang redeten die Politiker und die von ihnen als kompetent legitimierten Virologen das Problem, dass auch ein Geimpfter das Virus noch auf andere übertragen könne, klein. Sie sprachen davon, dass es eher die Ausnahme von der Regel sei.

Doch schon ein paar Wochen später konnte die Tatsache, dass ein Geimpfter eine ähnlich hohe Virenlast wie ein Ungeimpfter trägt und somit das Virus sehr wohl auch auf andere übertragen kann, nicht mehr geheim gehalten werden. Es hatten nämlich einige Großveranstaltungen und Partys stattgefunden, an denen fast nur Geimpfte teilnehmen durften. Viele von ihnen sind anschließend positiv getestet worden! Selbst einige der üblichen Medien berichteten darüber.

Folglich musste von den Verantwortlichen ein Paradigmenwechsel eingeleitet werden. Jetzt lautete das Mantra, man solle sich unbedingt impfen lassen, um sich selbst vor einem schwereren Krankheitsverlauf oder gar vor dem Tod zu schützen. Es wurde also wieder einmal an die Angst und den Egoismus der Bürger appelliert.

Da die Anzahl der vollständig Geimpften in Deutschland erst bei etwa 60 Prozent lag, ließen sich die Regierenden etwas einfallen: Den Nicht-Geimpften wurden sogenannte niederschwellige Angebote gemacht, sich impfen zu lassen. Nach dem Motto »Wenn der Prophet nicht zum Berg kommt, kommt der Berg zum Propheten« wurden in der Nähe von Einkaufszentren, öffentlichen Einrichtungen und dergleichen Impfzentren installiert, wo sich jeder ohne Voranmeldung und völlig unbürokratisch den berühmten Pieks verpassen lassen kann. In einigen Städten wurde der Anreiz sogar noch dadurch erhöht, dass man die Bürger mit kleinen Geschenken anlockte. Mancherorts bekam beispielsweise jeder, der sich impfen ließ, eine Bratwurst überreicht. Tatsächlich hatte diese Maßnahme Erfolg. Bis dahin war ich immer der Meinung, dass sich nur Hunde durch eine Bratwurst ködern ließen...

Ich schämte mich bisweilen, dass ich bisher so naiv gewesen war, und den üblichen Mantren Glauben schenkte.

Der Lockdown für Ungeimpfte

Die Anzahl der Deutschen, die sich bis zum Spätsommer 2021 impfen ließen, war der Regierung und denen, die hinter den Kulissen wirken, immer noch viel zu gering.

Nachdem die Narrative von der Solidarität und dem Selbstschutz noch immer nicht ausreichten, damit sich nahezu alle impfen ließen, packte die Regierung jetzt die ganz, ganz große Keule aus: Es wurde die sogenannte »3G-Regel« etabliert. Das heißt, dass nur noch **G**eimpfte, **G**enesene und **G**etestete an öffentlichen Veranstaltungen teilnehmen und öffentliche Einrichtungen besuchen dürfen. Noch werden teilweise Schnelltests akzeptiert. Aber schon bald werden ausschließlich PCR-Tests anerkannt. Diese sollen demnächst kostenpflichtig werden. Da sie nicht ganz billig sind, kann man davon sprechen, dass man spätestens dann eine 2G-Regel hat.

Einige Restaurants und Fußballvereine bringen von sich aus jetzt schon die 2G-Regel zur Anwendung. Dadurch hofft man, dass in den Restaurants bzw. Stadien wieder die komplette Auslastung erlaubt sein wird.

Im Klartext heißt das, dass heute für alle Ungeimpfte wieder ein Lockdown gilt! Für sie gelten wieder die gleichen Einschränkungen, wie sie in den beiden Lockdowns für alle galten.

Das Motiv für diese Maßnahme ist, dass man dadurch möglichst viele, die bisher gegen eine Impfung waren oder sich noch nicht endgültig entschieden hatten, dazu bringen möchte, einen Arzt oder ein Impfzentrum aufzusuchen, um sich den kleinen Pieks setzen zu lassen. Da längst bekannt ist, dass schon einige 2G- und 3G-Partys zu regelrechten Super-Spreader-Veranstaltungen geworden sind, kann man diese absurden Regeln nur als das erkennen, was sie sind: Erpressung!

Selbst in vielen Kirchen gilt diese Schikane. Offensichtlich haben die Impfungen den alten Ablasshandel abgelöst. Nachdem wir in unserem Land schon lange nicht mehr von Presse- oder gar Meinungsfreiheit sprechen können, ist nun auch das Recht zur freien Religionsausübung stark beschnitten worden. Immer mehr Grundrechte werden den Bürgern genommen. Umso absurder erscheint es, wenn deutsche Politiker einige osteuropäische Staaten auf das Heftigste kritisieren, weil dort die Grundrechte missachtet werden! Wer im Glashaus sitzt, sollte bekanntlich nicht mit Steinen werfen.

In der Tat haben sich schon bis zum heutigen Tag sehr viele Menschen erpressen lassen. Sie haben sich nur deshalb zur Impfung entschlossen, um reisen zu dürfen, um in Cafés, Restaurants, Konzerte, Theater, Fitnessstudios oder zu Sportveranstaltungen gehen zu dürfen.

In der Zeit des Nationalsozialismus hingen an vielen Geschäften und öffentlichen Einrichtungen *sichtbare* Schilder mit der Aufschrift: »*Juden* sind hier unerwünscht!« In einigen US-Bundesstaaten waren es ähnliche Schilder, auf denen anstelle des Wortes »Juden« das Wort »Neger« zu lesen war. Heute gibt es in vielen Ländern *unsichtbare* Schilder mit der Aufschrift: »*Ungeimpfte* sind hier unerwünscht!«

Schon heute setzen auch etliche Unternehmen ihre Mitarbeiter unter Druck, sich impfen zu lassen. Wer dem nicht nachkommt, wird sich krassem Mobbing und Bossing ausgesetzt sehen und muss damit rechnen, schon bald seinen Arbeitsplatz zu verlieren. Es ist bereits jetzt absehbar, dass es eine Impf*pflicht* für bestimmte Berufsgruppen wie etwa Lehrer, Erzieher, Ärzte, Krankenschwestern und Krankenpfleger geben wird.

Auch in unserem Hospital sind die weitaus meisten Kollegen vollständig geimpft. Die Ungeimpften müssen sich viele diffamierende Worte anhören. Da ich nicht darauf warten wollte, dass man mir kündigt, bin ich der Klinikleitung zuvorgekommen.
Es ist mir wirklich nicht leicht gefallen, meinen Job aufzugeben, da ich ihn sehr geliebt habe. Wie es in der nächsten Zeit beruflich mit mir weitergehen wird, weiß ich noch nicht. Mein Optimismus reicht nicht aus, um mir vorstellen zu können, dass diese Schikanen bald beendet sein werden. Vielleicht suche ich einige ältere oder pflegebedürftige Menschen, die ich privat in ihrer Wohnung betreue. Zum Glück verdient Hannah sehr gut, so dass ich nicht darauf angewiesen bin, baldmöglich Geld zu

verdienen. Außerdem habe ich noch einige Erspar-
nisse.

Einige Politiker versuchten nun weiteren Druck auf
die Menschen auszuüben, die sich immer noch
nicht impfen ließen. Bundesgesundheitsminister
Jens Spahn sprach von einer »Pandemie der Ungeimpften«. Er begründete dieses Schlagwort damit,
dass der Anteil der Ungeimpften unter den positiv
Getesteten um ein Vielfaches höher ist als der der
Geimpften. Welche Aussagekraft hat diese Tatsache? Sie würde nur dann etwas aussagen, wenn
unter den Testpersonen der Anteil der Geimpften
und der Ungeimpften in etwa gleich hoch wäre.
Das ist aber gewiss nicht der Fall! Welcher Geimpfte muss sich, seitdem die 3G-Regel in Kraft
getreten ist, noch testen lassen? Hingegen müssen
sich Ungeimpfte andauernd einem Test unterzie-
hen, um Zugang zu öffentlichen Einrichtungen zu
erhalten. Wenn man – sagen wir – 500 Birnen und
20 Äpfel daraufhin untersucht, ob sie wurmstichig
sind, so wird es keinen verwundern, wenn man
unter den Birnen deutlich mehr findet. Der Anteil
der Ungeimpften unter den positiv Getesteten ist
also logischerweise deutlich höher. Somit sollte
auch Herrn Spahn klar sein, dass die Tatsache, dass
mehr Ungeimpfte positiv getestet werden ebenso
offensichtlich ist wie die, dass es nachts dunkler ist
als tagsüber!
Herrn Spahns populistische Aussage ist aber – so
unsinnig sie ist – bestens geeignet, um die geimpften Bürger dazu zu bewegen, Druck auf ihre unge-

impften Mitmenschen auszuüben, sich endlich impfen zu lassen, oder ihnen aus dem Weg zu gehen. Ja, einige Leute sind wirklich große Experten, wenn es darum geht, die Gesellschaft zu spalten!

Als vor gut zehn Jahren die Schweinegrippe auftrat, waren die Techniken und Mechanismen, um die Menschen in Panik zu versetzen und zu manipulieren, wohl noch nicht ausgereift. Ansonsten hätte man gewiss schon damals den heute herrschenden Wahnsinn veranstaltet!

Gerne würde ich so oft wie eben möglich an einer Demonstration gegen den Irrsinn unserer Zeit teilnehmen. Allerdings gibt es solche kaum noch.

Ich habe den Eindruck, dass die vielen mündigen und besorgten Mitmenschen, die schon einige Demos organisiert oder entsprechende Petitionen eingereicht und unterschrieben haben, die Hoffnung aufgegeben haben, dass man damit das Rad des Wahnsinns, an dem die Mächtigen dieser Welt drehen, anhalten könnte.

Dennoch sollten wir überall, wo es möglich ist, unsere Stimme gegen die Corona-Maßnahmen und insbesondere gegen den Impfzwang erheben.

Am 28. September feierte mein Bruder seinen 45. Geburtstag. Am Abend besuchte ich ihn und nahm auf seinen Wunsch Hannah mit. Als wir bei Matthias ankamen, war auch unser Freund Hans Lauer anwesend. Ich machte Hannah mit den beiden bekannt. Als ich fragte, wo Linda und die beiden Söhne seien, sagte Matthias: »Ja, das ist ein Trauerspiel! Wie du weißt, haben Linda und ich, was Corona angeht, eine sehr unterschiedliche Meinung. Aus diesem Grund haben wir uns in den letzten Wochen nur noch gestritten. Vor zwei Tagen ist sie mit Thomas und Christian zu ihren Eltern gezogen. Sie wollte nicht länger mit einem Ungeimpften unter einem Dach wohnen.«

Ich war ganz entsetzt, dass ein Virus eine so harmonische Ehe gefährden konnte.

Auch an diesem Abend dauerte es nicht lange, bis wir wieder bei dem Thema waren, das die Gesellschaft so sehr spaltet.

Matthias begann: »Die Impfpropaganda seitens der Politiker und einiger Experten sowie die völlig unsinnige 3G-Regel kann ich beim besten Willen nicht mehr nachvollziehen. Es liegen doch jetzt Zahlen auf dem Tisch, die eindeutig belegen, dass die Impfung *nicht* davor schützt, an Covid-19 zu erkranken. So führte etwa Israel seit Dezember 2020 massenhaft Impfungen durch. In kaum einem anderen Land nahmen die Impfungen so schnell Fahrt auf. Mitte Dezember 2020, also vor den ersten Impfungen, wurden 149 schwere Covid-19-Fälle registriert. Nach der ersten großen Impfkampagne lagen Mitte März 2021 doppelt so viele – wohlgemerkt *geimpfte* – Patienten mit einer schweren Covid-19-Erkrankung im Krankenhaus! Diese Zahlen sind nicht geheim. Vielmehr kann sie jeder Interessierte im Netz nachlesen. Auch bei uns werden täglich Impfdurchbrüche gemeldet, was die

Verantwortlichen jedoch verheimlichen oder kleinreden.

Dann sollte doch jeder wissen, zu welch dramatischen Nebenwirkungen die Impfungen führen können. Dabei rede ich noch gar nicht von den möglichen Langzeitfolgen, die sich naturgemäß erst nach Jahren zeigen werden. Dennoch wird in populistischer Weise nach wie vor zur Impfung geraten, um es einmal vorsichtig zu formulieren. Im Grunde versucht man vielmehr die Bürger mit der 3G-Regel zu erpressen.«

Hans ergänzte: »Das mit den Nebenwirkungen ist wirklich nicht zu verharmlosen. Ich rede hier wohlgemerkt nicht davon, dass man nach der Impfung für ein paar Tage Symptome wie Kopfschmerzen, Schwindel und Übelkeit verspürt. Das ist auch bei anderen Impfungen häufig der Fall und vernachlässigbar. Ich rede hier von drastischen Nebenwirkungen. Kürzlich haben einige Ärzte publiziert, dass sie bei mehr als der Hälfte der Patienten nach der Impfung eine signifikant erhöhte Blutgerinnung festgestellt haben. Da ich das zunächst nicht glauben wollte, habe ich ein kleines Experiment durchgeführt. Zehn meiner Patienten, die sich von mir unbedingt impfen lassen wollten, habe ich vor der Impfung und drei Tage danach – natürlich mit ihrem Einverständnis – Blut abgenommen. Und tatsächlich stellte ich bei sechs von ihnen eine deutlich erhöhte Blutgerinnung fest. Nun ist das zunächst noch nicht so schlimm, eine Blutgerinnung kann aber in gar nicht einmal so seltenen

Fällen zu einem Blutgerinnsel führen. Je nachdem, wo sich dieses Gerinnsel bildet, kann es dann zu einer Thrombose, einem Schlaganfall oder einem Herzinfarkt führen. Bei der Impfkampagne muss man von Menschenversuchen im großen Stil reden.«

»Dass etliche Menschen nach der Impfung eine Thrombose oder einen Schlaganfall bekommen haben, wird ja mittlerweile selbst in den Mainstream-Medien berichtet. Auch von anderen Folgen wie zum Beispiel Herzmuskelentzündungen ist die Rede«, meinte Hannah.

»Das sollte doch in der Tat längst allgemein bekannt sein! Es ist doch unfassbar, dass dem Wahnsinn kein Ende bereitet wird, dass die Impfungen nicht gestoppt werden! Vielmehr werden die Ungeimpften unter größtmöglichen Druck gesetzt und aus der Gesellschaft ausgegrenzt«, sagte Matthias fast wütend.

»Ja, das ist unfassbar. Ich will nicht ausschließen, dass einige Politiker und Experten so in ihrem Tunnel sind, dass sie wirklich glauben, den Bürgern etwas Gutes zu tun, wenn sie diese mehr oder weniger zur Impfung zwingen. Aber allen kann man das gewiss nicht zugute halten. Wie jeder weiß, haben doch die meisten Regierungen nur eine sehr begrenzte Macht. Wir haben es seit Jahrzehnten mit einem gigantischen Lobbyismus zu tun. Die *wirkliche* Macht haben die Großkonzerne, die Automobilindustrie, die Rüstungsindustrie, die IT-Giganten und allen voran die Pharma-Mafia. In gewisser Weise sind die Politiker nur Marionetten in den Händen dieser Strippenzieher. Diese sind es, welche die Richtung vorgeben. Einige Politiker können sich nur dadurch an der vermeintlichen Macht halten, dass sie deren Interessen berücksichtigen und ihren Vorgaben folgen. Außerdem verdienen manche sehr gut daran. Was das aktuelle Thema angeht, kommen in erster Linie die Pharmakonzerne in Betracht. Die sahnen Milliarden mit ihren Impfstoffen, für deren Schäden sie jedwede Haftung von vornherein ausgeschlossen haben, ab. Und es ist ja nicht mit der zweimaligen Impfung getan. Selbstverständlich hat jeder Mensch das gute Recht, sich in Freiheit für eine Impfung zu entscheiden. Er sollte sich aber darüber im Klaren sein, dass es mit den üblichen zwei Impfungen nicht getan ist. Schon jetzt wird zumindest bestimmten Personengruppen eine Auffrischimpfung empfohlen. Hinzu kommt, dass das Virus – wie viele andere Viren auch – in den nächsten Jahren weiter mutieren wird. Es werden also immer wieder neue Varianten oder Mutanten auftreten, welche weitere Impfungen oder gar die Entwicklung anderer Seren notwendig machen. Somit wird ein Impfwilliger sich höchstwahrscheinlich in den nächsten Jahren – vielleicht bis an sein Lebensende – immer wieder impfen lassen müssen. Heute warnt man vor der Delta-Variante des Virus. Dieser Spuk hört so schnell nicht auf. Schließlich gibt es viele griechische Buchstaben. Es sollte keiner so naiv sein zu glauben, dass die Impfhersteller eines Tages sagen: ›Danke, das genügt! Wir haben jetzt genug Geld verdient!‹ «, meinte Hans.

»Diese Verflechtungen mit der Wirtschaft sind etwas, was immer schon angeprangert wurde. Aber in den Griff bekommt man das Problem nicht. Der Einfluss der Superreichen und Mächtigen dieser Welt ist einfach zu groß. Die haben ihre Finger in allen wichtigen Institutionen und Organisationen, die sie mit viel Geld sponsern. Letztlich sind es die Bill Gates dieser Welt, die von dem ganzen Wahnsinn profitieren und ihren Reichtum und ihre Macht immer mehr vergrößern«, meinte Hannah.

»Also, das, was die Pharmakonzerne mit den Corona-Impfungen verdienen, ist schon gigantisch. Aber das ist nur der erste Schritt. Diese mRNA-Impfstoffe, die aufgrund der angeblichen Pandemie sehr schnell eine Notfallzulassung bekommen haben, werden – wenn die Menschen nicht endlich aufwachen – vermutlich schon sehr bald eine endgültige Zulassung bekommen. Dann kriegen die Pharmariesen auch den zweiten Fuß in die Tür und werden diese mehr als fragwürdige genbasierte Technik, diese Gen-Therapie, auch für Impfstoffe zur Behandlung anderer Krankheiten einsetzen. Das ist wie eine Lizenz zum Gelddrucken. Den Preis bezahlen die Patienten. Das wird zu einer kranken, vielleicht sogar degenerierten Menschheit führen«, sagte Hans.

»Es ist doch eine Binsenweisheit, die allerdings viele nicht hören wollen, jeder aber wissen sollte: Die Pharmaindustrie und auch die meisten niedergelassenen Schulmediziner können doch nicht daran interessiert sein, dass die Menschen gesund sind. Eine gesunde Menschheit kann für sie kein Ideal sein, weil sie dann viele ihrer zum Teil höchst fragwürdigen Medikamente nicht verkaufen könnten. Je mehr Kranke es gibt und je kränker die Leute sind, desto größer ist ihr Profit«, ergänzte Matthias. Alle nickten.

»In diesem Zusammenhang darf man die ganzen Nebenwirkungen der Impfungen nicht vergessen. Auch an denen verdient sich die Pharmaindustrie eine goldene Nase«, ergänzte ich.

Hannah fügte hinzu: »Als besonders schizophren empfinde ich, dass sogar etliche Zeitgenossen, die mit Fug und Recht gegen Genmanipulation bei Nährpflanzen und Nutztieren demonstrieren oder zumindest ihre Stimme dagegen erheben, sich mit den genmanipulierten mRNA-Impfstoffen verseuchen lassen, durch den der menschliche Körper, der ›Tempel Gottes‹, früher oder später zu einem Chemie-Labor verkommt!«

»Zur Zeit der Schweinegrippe waren die Techniken und Mechanismen, um die Menschen in Panik zu versetzen und zur Impfung zu drängen, wohl noch nicht ausgereift. Sonst wäre man vermutlich schon damals so vorgegangen wie in unserer Zeit. Mittlerweile haben die viel dazu gelernt«, meinte Matthias, um dann fortzufahren: »Es ist wirklich schwer, die wahren Hintergründe dieses ganzen Wahnsinns zu durchschauen. Sicher ist, dass dahinter gewaltige globale Interessen stecken. Ich will gar nicht einmal ausschließen, dass die Strippenzieher bei allen persönlichen Vorteilen es sogar gut mit uns meinen. Aber gut *gemeint* ist nicht gut!«

Dann ergriff Hans noch einmal das Wort: »Ich möchte mir nicht anmaßen, die wahren Hintergründe der Corona-Politik zu durchschauen. Es gibt allerdings einige unabhängige Journalisten, die dazu eine Meinung haben, die ich gut nachvollziehen kann. Sie sagen, dass Covid-19 eine günstige Gelegenheit sei, die gesamte Weltwirtschaft neu zu ordnen und zu gestalten. Es wird eine völlig neue Weltordnung angestrebt. Das sind keine Verschwörungstheorien. Vielmehr beschreibt Klaus Schwab, Gründer und Vorsitzender des Weltwirtschaftsforums, diese Pläne, die schon lange in der Schublade liegen, explizit in seinem Buch ›Covid-19: Der große Umbruch‹. Kennt ihr dieses Buch?«

Als wir verneinten, fuhr Hans fort: »Auch wenn sich manche der Ziele, die Herr Schwab beschreibt, auf den ersten Blick recht positiv anhören, so würden diese uns doch letztlich in eine Welt führen, die vermutlich keiner will. Eines der Ziele ist, dass die politische Macht mehr und mehr von den Nationalstaaten auf überstaatliche Organisationen übergeht. Die Welt würde dann letztlich in einem noch viel höheren Maß und völlig unverschleiert von den Großkonzernen sowie einer kleinen Elite der Multimilliardäre regiert werden. Diese könnten dann noch viel mehr Einfluss auf die Gesetzgebungen der einzelnen Länder ausüben. Dann erstrebt man einen gigantischen Ausbau der Digitalisierung, durch die wir in der gesamten Welt Überwachungsstaaten bekämen wie es heute schon in China der Fall ist. Es gibt noch etliche weitere sehr schauerliche Ziele, die man verfolgt. Ihr solltet das Buch selbst einmal lesen.«

Als Hannah und ich uns nach etwa vier Stunden verabschiedeten, war wieder einmal ein Abend vergangen, der exklusiv von dem leidigen Corona-Thema beherrscht wurde. Es war allerdings sehr wohltuend, mit Menschen zusammengewesen zu sein, welche die Situation ähnlich beurteilten.

Mein Bruder litt wie ein Hund darunter, dass Linda, die er immer noch sehr liebte, und seine Söhne die gemeinsame Wohnung verlassen hatten und ihn nicht mehr treffen wollten. Nur telefonisch hatte er noch Kontakt zu ihnen.

Matthias stand vor der viel zitierten Wahl zwischen Pest und Cholera. Sollte er sich impfen lassen, oder sollte er möglicherweise noch jahrelang auf ein gemeinsames Leben mit seiner Familie verzichten?

Gegen seine innere Überzeugung entschied er sich schließlich für die erste Option. Er wählte also die Pest. Als er mir das beichtete, konnte ich erst nicht glauben, dass jemand, der so felsenfest davon überzeugt ist, dass das Impfen nicht nur unnütz, sondern sogar sehr gefährlich ist, umgefallen ist. Allerdings konnte ich nachvollziehen, dass er wieder mit seiner Frau und seinen Kindern zusammen sein wollte. Zwei Tage nach der Impfung kehrten

Linda und die beiden Söhne zu seiner großen Freude wieder in die gemeinsame Wohnung zurück.

Doch schon wenige Tage später rächte es sich, dass er sich, der ja ein vehementer Impfgegner war, für eine Impfung entschieden hatte.

Matthias, der immer kerngesund war, bekam einen Schlaganfall! Dadurch wurde sein Sprachzentrum in Mitleidenschaft gezogen. Er spricht seitdem sehr, sehr langsam und hat immer wieder Wortfindungsstörungen. Man muss sich schon sehr konzentrieren, um ihn verstehen zu können. Zum Glück ist sein Bewegungsapparat nur unwesentlich betroffen. Nur wer ihn gut kennt, merkt, dass er manche Bewegungen langsamer ausführt als vorher. Es ist kaum daran zu denken, dass er jemals wieder seinen Beruf ausüben kann.

Dass dieser Schlaganfall eine Folge der Impfung war, liegt auf der Hand. Allerdings ist es schwer, den kausalen Zusammenhang nachzuweisen. Die Impfhersteller schließen von vornherein jedwede Haftung aus. Mögliche Entschädigungen werden von der Regierung gezahlt.

Als Linda einen Antrag auf Entschädigung aufgrund eines Impfschadens stellte, sagte man ihr, dass es ein knappes Jahr dauern könne, bis der Antrag bearbeitet wird, weil derart viele Fälle von vermutlichen Impfschäden gemeldet worden sind. Ob der Schlaganfall irgendwann als Impfschaden anerkannt wird, ist mehr als fraglich. Wahrscheinlich wird mein Bruder nie einen Cent sehen.

Matthias sagte mir kürzlich: »Das geschieht mir recht! Ich wusste um das Risiko und habe mich trotzdem impfen lassen. Allerdings bin ich glücklich, dass Linda und die Jungen jetzt wieder bei mir sind. Mache du nicht den gleichen Fehler wie ich!«

Linda macht sich seitdem schwere Vorwürfe, dass sie ihren Mann so unter Druck gesetzt hat. Langsam scheint bei ihr ein Umdenken stattzufinden, was den Sinn oder Unsinn der Corona-Impfungen angeht. Immerhin hat sie ihren Termin zur Auffrischimpfung abgesagt...

An manchen Tagen habe ich, wenn ich morgens aufwache, für ganz kurze Zeit die Hoffnung, dass ich einen fürchterlichen Alptraum hatte, dass ich diesen ganzen Corona-Wahnsinn nur geträumt habe.

Aber schon nach wenigen Sekunden wird mir wieder bewusst, dass es bittere Realität ist.

Es ist wirklich unfassbar, dass die Mehrheit der Menschen immer noch glaubt, wir lebten in einer gefährlichen Pandemie und alle diese absurden und menschenunwürdigen Maßnahmen bis hin zum Impfzwang für richtig, ja für alternativlos hält.

Heute – gut eineinhalb Jahre nachdem die vermeintliche Pandemie ausgerufen wurde – liegen doch belastbare Zahlen auf dem Tisch. Jeder interessierte Bürger kann sie auf den offiziellen Internetseiten von RKI, DIVI, PEI, dem Bundesgesundheitsministerium und dem Statistischen Bundesamt nachlesen und sich seine eigene Meinung bilden. Diese Zahlen sagen deutlich aus, dass es *keine* Pandemie, *keine* Übersterblichkeit und *keine* Überlastung des Gesundheitssystems gab und gibt!

Man muss sich fragen: Wo sind die Millionen Corona-Toten in unserem Land, die von den Lauterbachs dieser Welt prognostiziert wurden? Rein statistisch gesehen, müsste ich mindestens einen Menschen kennen, der an Covid-19 verstorben ist. Ich kenne aber keinen einzigen. Aus meinem privaten Umfeld kenne ich nicht einmal einen Menschen, der daran schwer erkrankt war!

Von offizieller Seite wird verlautbart, dass die Zahl der Covid-19-Toten nur aufgrund der Lockdowns und der Corona-Maßnahmen nicht höher ausgefallen sei. Diese Begründung ist aber nicht plausibel, wenn man auf Länder wie etwa Schweden schaut, die mit der Krise ganz anders umgegangen sind und auf Lockdowns und andere Maßnahmen weitgehend verzichtet haben.

Obwohl unser Krankenhaus wie so viele andere in den letzten Jahren fast kaputtgespart wurde, trat dort das befürchtete Horror-Szenario, von Covid-19-Patienten überschwemmt zu werden, nicht ein. Die vielen Medienberichte, die Anfang 2020 überlastete und hoffnungslos überfüllte Intensivstationen mit zahlreichen an Beatmungsgeräten angeschlossenen Patienten und völlig erschöpfte und überarbeitete Ärzte, Krankenschwestern und -pfleger zeigten, sowie die entsprechenden Warnungen der Politiker und Virologen hatten ihre Wirkung nicht verfehlt. Um dem erwarteten Ansturm Herr zu werden, wurden sogar einige durchaus notwendige Operationstermine verschoben.

Unsere Intensivstation war zu keinem Zeitpunkt überbelegt. Meistens waren noch einige Betten frei. Bis zum heutigen Tage – also nach nunmehr fast zwei Jahren – hatten wir nicht einmal 100 Corona-Patienten. Nur die wenigsten von ihnen mussten beatmet werden. Viele von ihnen hätten sogar auf einer normalen Station behandelt werden können. Bei einigen wäre ein Krankenhausaufenthalt gar nicht einmal erforderlich gewesen. So weit ich das mitbekommen habe, ist kein einziger gestorben. Über einen gemeinsamen Bekannten habe ich allerdings auch mitbekommen, dass ein Patient gestorben ist, weil seine Bypass-Operation wegen des erwarteten Ansturms von Corona-Patienten verschoben worden war.

Auch wenn wir diese Zahlen wohl nie übermittelt bekommen, vertreten viele die Überzeugung, die ich teile, dass in unserem Land möglicherweise mehr Menschen aufgrund der Corona-*Maßnahmen* als wegen des Virus gestorben sind.

Hierbei ist zunächst an diejenigen zu denken, die aus Angst, sich im Krankenhaus zu infizieren, einen notwendigen operativen Eingriff verschoben haben. Dann gibt es etliche Menschen, die dringend einer ärztlichen Behandlung bedurft hätten, diese aber nicht wahrnahmen, weil sie Angst hatten, ins Krankenhaus zu müssen, wo sie dann möglicherweise wochenlang hätten bleiben müssen, ohne

Besuch von ihren Liebsten empfangen zu können. Auch die Todesopfer durch häusliche Gewalt oder Suizid sind nicht zu unterschätzen. Selbst die Anzahl der aufgrund der Impfung Gestorbenen ist schon jetzt nicht vernachlässigbar und wird gewiss weiter steigen...

Die Corona-Maßnahmen haben aber nicht nur Todesopfer gefordert, sondern gravierende psychische Schäden bei etlichen Mitmenschen – ganz besonders bei Kindern und Jugendlichen – hinterlassen. Vieles wird erst die Zukunft zeigen.

Dann kann heute jeder wissen, dass *keiner* der Impfstoffe sicher vor einer schweren Erkrankung an Covid-19 schützt. Ein Geimpfter ist genauso ansteckend wie ein Nicht-Geimpfter. Die Impfungen können zu schweren und schwersten Nebenwirkungen führen.

Dennoch wird der Irrsinn fortgeführt. Keiner der Verantwortlichen hat den Mut zu sagen, er habe sich geirrt. Vielmehr schauen sie weiterhin tatenlos zu, wie unsere Gesellschaft immer mehr gespalten wird, wie sich Impfbefürworter und Impfkritiker nicht nur auf das Heftigste verbal bekriegen, sondern auch mit roher Gewalt bis hin zum Mord vorgehen.

Schon jetzt fordern viele die 2G-Regel, die ja im Grunde eine 1G-Regel ist. Diese Regel wird kommen. Es steht zu befürchten, dass dem ganzen Wahnsinn erst dann ein Ende bereitet wird, wenn alle Deutschen vollständig geimpft sind und sich womöglich sogar noch schriftlich verpflichten, sich bis an ihr Lebensende mindestens zweimal pro Jahr erneut impfen zu lassen.

Wenn nicht bald eine genügend große Zahl der Menschen aufwacht und die Machenschaften durchschaut und mit allen rechtsstaatlichen Mitteln dagegen angeht, werden wir schon bald in einer Gesellschaft aufwachen, die keiner je für möglich gehalten hätte und die auch keiner will...

Die meisten Menschen aus meinem Lebensumfeld haben sich mittlerweile gegen Covid-19 impfen lassen. Einige haben sich dazu entschieden, weil sie der Meinung sind, dadurch vor einer Infektion oder zumindest vor einem schweren Krankheitsverlauf geschützt zu sein. Viele haben sich allerdings von der Regierung erpressen lassen, um wieder alles, was ihnen wichtig ist, machen zu können. Meine Bekannten bedauern mich, weil sie die Ansicht vertreten, ich sei als Ungeimpfter meiner Freiheit beraubt.

Bin ich wirklich unfrei? Nun, natürlich sind mir viele Dinge verwehrt. Ich kann nicht mehr beliebige Reisen unternehmen, ich kann keine Restaurants, Museen, Konzerte, Sportveranstaltungen und dergleichen mehr besuchen. Auch ist mir der Zutritt zum Fitnessstudio und zu meiner Gymnastikgruppe verwehrt. Nicht einmal Freunde im Krankenhaus darf ich besuchen.

Das ist alles höchst bedauerlich. Aber es betrifft nur meine *äußere* Freiheit. Diese äußere Freiheit, tun und lassen zu können, was man will, hat mit *wahrer* Freiheit nichts zu tun. Meine wahre Freiheit habe ich mir aber gerade durch den Entschluss, mich *nicht* impfen zu lassen, bewahrt. Ich habe mich nicht korrumpieren lassen, sondern so gehandelt, wie es meiner tiefsten Überzeugung entspricht. Ich hätte es als eine große innere Unwahrheit empfunden, wenn ich mich hätte impfen lassen, obwohl ich weiß, dass eine Impfung nicht nur unnötig, sondern sogar sehr gefährlich sein kann. Ich bin dem, was in meiner Seele gesprochen hat, treu geblieben. *Diese* Freiheit kann mir keine Regierung nehmen, selbst wenn sie mich komplett einsperren würde.

Novalis hat das einmal so formuliert:

Der Mensch besteht in der Wahrheit.
Gibt er die Wahrheit preis, so gibt er sich selbst preis.
Wer die Wahrheit verrät, verrät sich selbst.
Es ist hier nicht die Rede vom Lügen,
sondern vom Handeln gegen Überzeugung.

Heute dürfte es schon etliche Menschen geben, die sich preisgegeben haben. Ob sie sich dessen wohl jemals bewusst werden?

*Wie die Schauspieler eine Maske aufsetzen,
damit auf ihrer Stirne nicht die Scham erscheine,
so betrete ich das Theater der Welt – maskiert.*

René Descartes

*Wir leben alle auf der Hut voreinander und haben
gegeneinander in schweigender Übereinkunft
Lügenzäune errichtet, hinter denen wir
unsere innere Vereinsamung verstecken.*

Heinrich Lhotzky

*Zur Stärkung des eigenen Glaubenssystems
bedarf es der Diffamierung anderer
Glaubenssysteme.*

Sinan Gönül

*Wenn es keine Skandale gäbe,
müsste man sie erfinden,
weil sie ein unentbehrliches Mittel sind,
die Macht der Mächtigen zu erhalten,
und den Unmut der Unterdrückten fehlzuleiten.*

Dario Fo

*Falls sie keine Ausgangssperre hat,
geht die Wahrheit vom Irrtum aus.*

Manfred Hinrich

*Mit der Impfung beginnt die krankmachende,
zu chronischem Siechtum führende
Vergewaltigung der Menschheit
durch Staat und Schulmedizin.*

Dr. med. Heinrich Will

*Wer die Freiheit aufgibt,
um Sicherheit zu gewinnen,
wird am Ende beides verlieren.*

Benjamin Franklin

*Die Natur ist unser Jungbrunnen.
Keine Hygiene, keine Volkswohlfahrt
kann uns das geben,
was die Natur uns bietet.
Fördern wir sie, so fördern wir uns,
morden wir sie, begehen wir Selbstmord.*

Hermann Löns

Buchempfehlungen

Einem Leser, der sich ausführlich, objektiv und sachlich über die »Corona-Pandemie« und ihre Hintergründe informieren möchte, können die folgenden Bücher, die von *unabhängigen* Experten bzw. Journalisten geschrieben wurden, sehr empfohlen werden:

Corona-Fehlalarm? –
Zahlen, Daten und Hintergründe

von
Dr. Karina Reiss und Dr. Sucharit Bhakdi

Goldegg Verlag (2020)

Corona unmasked:
Neue Daten, Zahlen, Hintergünde

von
Dr. Karina Reiss und Dr. Sucharit Bhakdi

Goldegg Verlag (2021)

Falsche Pandemien:
Argumente gegen die Herrschaft der Angst

von
Dr. Wolfgang Wodarg

Rubikon Verlag (2021)

Chronik einer angekündigten Krise:
Wie ein Virus die Welt verändern konnte

von
Paul Schreyer

Westend Verlag (2020)

Der große Reset –
Der Plan für die Welt nach Corona

von
Harrie Salman

Edition Immanente (2021)

Auch auf YouTube finden sich zahlreiche höchst informative Beiträge zu der Corona-Thematik. Besonders verweisen möchten wir auf die Kanäle von ***Gunnar Kaiser***.

Umfassende Informationen
zu vielen weiteren Büchern
von Josef F. Justen
(Sachbücher, Erzählungen,
Biografien und Kurzgeschichten)
mit ausführlichen Leseproben
finden Sie auf der
offiziellen Autoren-Website:

www.Justen-Buecher.com